HR法务实操300问

HR管理者、HR法务、中小企业管理者

必备工具书

谢山 石媛 著

中国经济出版社
CHINA ECONOMIC PUBLISHING HOUSE
·北京·

图书在版编目（CIP）数据

HR法务实操300问／谢山，石媛著．--北京：中国经济出版社，2022.1

ISBN 978-7-5136-6730-2

Ⅰ．①H… Ⅱ．①谢… ②石… Ⅲ．①劳动法-中国-问题解答 Ⅳ．①D922.505

中国版本图书馆CIP数据核字（2021）第227437号

责任编辑 牛慧珍
责任印制 马小宾
封面设计 任燕飞

出版发行 中国经济出版社
印 刷 者 北京富泰印刷有限责任公司
经 销 者 各地新华书店
开　　本 710mm×1000mm 1/16
印　　张 15.75
字　　数 220千字
版　　次 2022年1月第1版
印　　次 2022年1月第1次
定　　价 68.00元
广告经营许可证 京西工商广字第8179号

中国经济出版社 **网址** www.economyph.com **社址** 北京市东城区安定门外大街58号 **邮编** 100011
本版图书如存在印装质量问题，请与本社销售中心联系调换（联系电话：010-57512564）

前　言

任何企业要保持自己在市场上的地位，就必须不断评估、审视、提高自己的核心竞争力。影响核心竞争力的因素之一就是企业自身的运作效率。为了提高企业的运作效率，企业要进行组织评估，员工能力、业绩、潜力评估，人岗匹配评估，等等。在完成这一系列评估之后，企业期待员工接受并配合各种人事调整，比如晋升、换岗、降级、调薪降薪、纪律处罚、考核定级，甚至解除合同等。同时，企业也期待员工签署与履行各种合同与协议（劳动合同、保密协议、竞业限制协议、聘任协议、服务协议、各种变更协议）。凡此种种，企业期待员工都能按照相关决定行事并配合到位。但是期待归期待，因为这些决定往往触犯了员工的某些利益，或者是对员工行为的一种约束，所以导致很多员工并不会按照企业的期待行事，不能配合到位，而一旦配合不到位，就意味着企业与员工之间的博弈开始了，劳资纠纷就开始了，HR 面临的烦恼就开始了。

在我 20 年的职业生涯中，每当独自面对这些劳资纠纷时，我就试图通过阅读书籍、百度查询、律师咨询、翻阅法条来寻求答案，但这些方法并不能很好地解决我的问题。

当前市场上的相关书籍大多针对大类的问题，有案例分析和解答，但作为一个在企业实践着的 HR 工作者，每天面临的问题其实都是很细、很棘手的小问题，比如“员工拒绝在员工手册上签字怎么办?”“员工不肯在考核表上签字怎么办?”“候选人与前雇主有竞业限制协议怎么办?”……这些细小的问题很难从现有的书籍中找到答案。

那百度查询呢？很多时候在百度上是搜不出答案的，即使有相关的所谓答案，也没有什么参考价值。因为这些答案很乱，且这些答案相互矛盾，甚至误导你，很难真正解燃眉之急。

那律师咨询呢？HR可以咨询律师寻找答案，但除非是专攻劳动关系方面的律师，否则，一般的律师在被问到劳资纠纷的法律问题时，也常常无法对症下药给出准确答案。当然了，HR可以请教一个专攻劳动关系的律师，但问题是这样的律师一年的咨询费用一般在5万~10万元，一般的中小企业根本请不起，老板也不愿意花这个钱。

翻阅法条，行吗？很多HR遇到问题时会再看几遍《劳动合同法》等法律法规。但问题是这些法律条文的文字都认识，似乎表面的意思也都懂，而一回到实践中面对千变万化的具体情况时，就无法直接从这些法条中找到答案，也不知道从哪里着手，根本不能灵活应用这些法律条文来解决现实中的棘手问题。这也是很多HR工作者的痛点。

鉴于这些原因，在工作实践中，我只能多种方式综合使用，一个问题一个问题地去解决，慢慢摸索出一些实践经验，并随手记录下这些经验，遂形成这本书的雏形。

本书是对我20年处理劳资纠纷的实战和咨询经验的总结，也是我向各路名家/劳动法律师求教和学习的体会和经验总结。书中梳理了HR最常见的劳资纠纷问题，并给出了系统的、鲜明的、有法可依的、实操性很强的解答，帮助HR在遇到类似问题时能厘清处理思路，少走弯路，减少劳资纠纷，从而最终构建和谐的劳资关系，真正实现企业和员工的双赢，促进企业健康发展。

本书共分为24章，包括招聘、入职、试用期管理、合同的订立/变更/解除/终止、裁员、休息休假、福利、考核、违纪、培训等大类，涵盖了HR日常工作中大部分的劳资纠纷的问题类型。另外，针对每个问题，我一般从四个方面进行解答：

（1）相关的法律依据；

（2）企业常见的错误操作；

（3）可能面临的风险点；

（4）建议的操作思路（即最佳实践做法）。

这本书有很强的法律依据性和实操性，期待能给广大的 HR 工作者带来真正的参考价值，并提升 HR 在企业中的存在价值，为企业发展助力。

目　录

第 1 章　《劳动合同法》的核心精神与原则

第 2 章　招聘过程中的用工风险

第 4 章 试用期管理的用工风险

第 5 章 劳动合同订立的用工风险

第 6 章　劳动合同变更的用工风险

第 7 章　劳动合同续签的用工风险

第 8 章　劳动合同解除/终止的用工风险

第 11 章　调岗管理的用工风险

第 12 章　工伤与病假管理的用工风险

第 15 章 员工违纪管理的用工风险

第 16 章　商业秘密管理的用工风险

第 17 章　竞业限制管理的用工风险

第 18 章　培训服务管理的用工风险

第 19 章　事实劳动关系与劳务关系管理的用工风险

第 20 章　劳动规章制度管理的用工风险

第 21 章　劳务派遣管理的用工风险

第 22 章 其他员工权益管理的用工风险

第 23 章 员工关系管理中直线经理的作用

第 24 章 员工关系管理中工会的作用

第1章

《劳动合同法》的核心精神与原则

1.《劳动合同法》倾向于保护用人单位利益还是保护劳动者利益?

答：随着我国市场经济的发展，劳动关系发生了巨大的变化，在实行劳动合同制的过程中出现了很多问题，比如没有劳动合同、合同短期化、滥用试用期、随意解除终止合同、将正常的劳动用工变为劳务派遣、拖欠工资而诉告无门等，这些都侵害了劳动者的合法权益，破坏了劳动关系的和谐稳定。正是在这样的背景下，2008 年 1 月，新的《中华人民共和国劳动合同法》（以下简称《劳动合同法》）诞生，其主要目的就是要规范劳动合同的订立、履行、变更、解除或者终止等行为，促进和谐劳动关系的建立。2012 年、2019 年该法相继修订。

新《劳动合同法》诞生之前，整体上看用人单位处于相对强势地位，而劳动者处于相对弱势地位。劳动者和用人单位好比处于天平的两端，为了使这个天平更平衡，新《劳动合同法》客观上就要向劳动者倾斜。

当然，不是说《劳动合同法》就只保护劳动者利益而不保护用人单位利益，仍然是双保护，只是有的时候法律并没有规定得那么细，不是简单的白与黑那么简单，在实践中碰到的千变万化的状况并不是都能从法律条文中找到答案。因此，在做出裁判时，仲裁机构和法院就有一些自由裁量的权力，此时就会倾向于保护劳动者利益。举例来说，按法律规定，只要入职一个月后没有签订书面合同，劳动者就可以主张双倍工资了，但其实有的时候是劳动者的原因造成的。比如面试时，明明说好了月薪 5000 元，但员工入职后要签合同时又不肯签，或者找各种原因故意不签，拖拖拉拉过了一个月。此种情况下，有的法官会探究背后的具体原因（尤其江浙沪地区），但有的法官可能没有兴趣去追究具体什么原因造成未签订书面合同，而只基于没有签合同的事实做出裁决，这样就对企业不利了。

2. 用人单位如何保护自己的利益？

答：《劳动合同法》中，保护劳动者利益的条款更具体明晰，操作性更强。保护用人单位利益的条款更笼统，更多的是一些原则性的规定。拿解除劳动合同以及可以享受的补偿来说，《劳动合同法》有如下规定：

《劳动合同法》第三十八条　用人单位有下列情形之一的，劳动者可以解除劳动合同：

（一）未按照劳动合同约定提供劳动保护或者劳动条件的；

（二）未及时足额支付劳动报酬的；

（三）未依法为劳动者缴纳社会保险费的；

（四）用人单位的规章制度违反法律、法规的规定，损害劳动者权益的；

（五）因本法第二十六条第一款规定的情形致使劳动合同无效的；

（六）法律、行政法规规定劳动者可以解除劳动合同的其他情形。

用人单位以暴力、威胁或者非法限制人身自由的手段强迫劳动者劳动的，或者用人单位违章指挥、强令冒险作业危及劳动者人身安全的，劳动者可以立即解除劳动合同，不需事先告知用人单位。

《劳动合同法》第四十六条　有下列情形之一的，用人单位应当向劳动者支付经济补偿：

（一）劳动者依照本法第三十八条规定解除劳动合同的；

（二）用人单位依照本法第三十六条规定向劳动者提出解除劳动合同并与劳动者协商一致解除劳动合同的；

（三）用人单位依照本法第四十条规定解除劳动合同的；

（四）用人单位依照本法第四十一条第一款规定解除劳动合同的；

（五）除用人单位维持或者提高劳动合同约定条件续订劳动合同，劳动者不同意续订的情形外，依照本法第四十四条第一项规定终止固定期限劳动合同的；

（六）依照本法第四十四条第四项、第五项规定终止劳动合同的；

（七）法律、行政法规规定的其他情形。

从上面的两则条款可以看出，劳动者可以较容易地参照具体法律条文来保护自己的权益。

再看看关于企业单方解除合同的条款，就不是那么明晰了。比如涉及企业可以单方解除劳动合同的第三十九条规定：

劳动者有下列情形之一的，用人单位可以解除劳动合同：

（一）在试用期间被证明不符合录用条件的；

（二）严重违反用人单位的规章制度的；

（三）严重失职，营私舞弊，给用人单位造成重大损害的；

（四）劳动者同时与其他用人单位建立劳动关系，对完成本单位的工作任务造成严重影响，或者经用人单位提出，拒不改正的；

（五）因本法第二十六条第一款第一项规定的情形致使劳动合同无效的；

（六）被依法追究刑事责任的。

上面提到的“不符合录用条件”“严重违反”“重大损害”都是一些笼统和模糊的描述，企业很难直接套用这些条款而立即解除劳动合同。

因此，一方面，用人单位要学会把这些原则性的条款进一步细化成可以操作的规章制度，才能真正引用和操作。另一方面，这些条款模糊，也正好给了企业一定的自主管理的权力，企业可以适当有自己的发挥空间，把自己的管理思路和意志体现在相关的规章制度中。

当然，企业的内部规章制度中的一些专有术语，要尽量与法条的意思接近，尽量用“法言法语”，这有利于法官理解案情并判定案情的适用条款。

3. 大街上开的茶馆、饭庄不是企业，其与聘用的劳动者是什么关系？

答：《劳动合同法》第二条　中华人民共和国境内的企业、个体经济组织、民办非企业单位等组织（以下称用人单位），与劳动者建立劳动关系，订立、履行、变更、解除或者终止劳动合同，适用本法。国家机关、事业单位、社会团体和与其建立劳动关系的劳动者，订立、履行、变更、解除或者终止劳动合同，依照本法执行。

茶馆、饭庄大多属于个体经济组织。根据上述条款，个体经济组织也是用人单位，与聘用的劳动者形成劳动关系，适用《劳动合同法》。劳动部《关于贯彻执行〈中华人民共和国劳动法〉若干问题的意见》规定，劳动法第二条中的个体经济组织是指一般雇工在七人以下的个体工商户。

4. 如何理解劳动合同订立时的合法原则？

答：合法包括形式和内容上的合法。①全日制用工需要订立书面的合同，这是形式上的合法。②《劳动合同法》第十七条规定了劳动合同的九项内容，且这些约定的内容要合法，比如试用期期限、工作时间、休息休假、薪资福利待遇、劳动保护、劳动条件、合同解除和变更、工伤病假待遇等。举例来说，有的企业约定不交社保、不得谈恋爱、不得结婚、几年内不能生育、工伤病假自理、绩效不达标可解除合同、不交个税、工资中已含竞业限制补偿等。这些约定与国家的相关法律法规相悖，按照“约定不得违反强制性法律规定”的原则，凡是与强制性法律法规相悖的约定都是无效的，即使双方签字确认也得不到法律的保护。

5. 如何理解劳动合同订立时的公平合理原则？

答：公平合理原则是指劳动合同的内容应当公平、合理。有的时候，约定的内容合法，但未必公平合理。举例来说，有的企业在竞业限制中，约定的竞业限制的月补偿金为前 12 个月工资的 30%，但违约金是前 12 个月的工资之和的 100 倍。这种规定没有明显违反哪条法规，但这种排除劳动者权利而放大劳动者责任的做法，未必能得到法律的支持，因为这里有一个公平合理的问题。这都是企业在行使自主管理权的过程中，需要思考的问题。如果明显不公平、不合理，则可能得不到法律的支持，不受法律保护。

6. 如何理解劳动合同订立时的诚实守信原则？

答：诚实守信原则就是在订立劳动合同时要诚实、讲信用，比如在订立劳动合同时，双方都不得有欺诈行为。根据《劳动合同法》第八条的规定，用人单位招用劳动者时，应当如实告知劳动者工作内容、工作条件、工作地点、职业危害、安全生产状况、劳动报酬，以及劳动者要求了解的其他情况；用人单位有权了解劳动者与劳动合同直接相关的基本情况，劳动者应当如实说明。双方都不得隐瞒真实情况。有的用人单位不告诉劳动者职业危害，等劳动者加入用人单位，并进入工作现场才发现有很多职业危害隐患且没有相应的防护措施，或者有的用人单位通过编造一个诱人的前景或虚假的企业繁荣景象来诱使员工入职，这就是典型的不诚实守信；有的劳动者提供假简历、假文凭、假身份证、假名字等虚假信息，也违反了诚实守信原则。

《劳动合同法》第二十六条　下列劳动合同无效或者部分无效：

（一）以欺诈、胁迫的手段或者乘人之危，使对方在违背真实意思的情况下订立或者变更劳动合同的；

（二）用人单位免除自己的法定责任、排除劳动者权利的；

（三）违反法律、行政法规强制性规定的。

对劳动合同的无效或者部分无效有争议的，由劳动争议仲裁机构或者人民法院确认。因此，没有遵循诚实守信原则而订立的合同，可能是无效合同。

7. 如何理解劳动合同订立过程中的“欺诈”？

答：“欺诈”是指当事人一方故意制造假象，或虚构事实，或隐瞒事实真相，欺骗对方，诱使对方形成错误认识而与之订立劳动合同。

欺诈的种类很多，包括：①在没有履行能力的情况下，签订合同。如根据劳动法的规定，从事特种作业的劳动者必须经过专门培训并取得特种作业资格。但劳动者并没有这种资格，提供了假的资格证书。②行为人负有义务向对方如实告知某种真实情况而故意不告知的。如一家小型化工企业招聘三班倒的化工工人，不能用孕妇。但有的妇女来应聘，故意隐瞒其已经怀孕的情况，应聘上岗后不久就提出已经怀孕不能倒班上岗，等等。

采取欺诈手段订立的劳动合同是无效的。

8. 如何理解“用人单位免除自己的法定责任、排除劳动者权利”？

答：这一条规定是指用人单位无限放大自己的权利，而减少或排除对方的权利，同时无限减少自己的责任而放大对方的责任。通常表现为：劳动合同简单化；法定条款缺失；仅规定劳动者的义务，而没有定义劳动者的权利。实践中出现较多的是造成劳动者人身伤害的免责条款，比如有的企业规定：“员工生老病死或工伤都与企业无关”。还有的企业规定：“用人单位有权根据生产经营变化调整其工作岗位，劳动者必须服从单位的安排”。这些都是免除自己的责任、排除劳动者权利的做法，可能得不到法律支持。

第2章

招聘过程中的用工风险

9. 招聘员工过程中，如何防止就业歧视？

答：在实践中，常见的歧视类型包括：①城乡歧视。②性别歧视。③年龄歧视。有些单位在招收文秘人员时，一般要求女性，年龄在22~28岁。④身高歧视。⑤对“乙肝病毒携带者”的歧视。除了食品医药行业和保育行业等少数特殊行业外，慢性乙型肝炎病毒携带者可以照常参加工作，但是许多单位在录用过程中，仍通过设置一定的体检标准来限制乙肝病毒携带者的录用。⑥民族、地域、宗教信仰等歧视。

一个追求良好信誉和形象、要降低法律风险的企业，需要采取适当的策略防止就业歧视的发生。这些策略包括：

（1）在员工手册上规定招聘总原则，比如开宗明义宣布“公司的政策是为所有的员工与求职者提供均等的雇用机会，并不会因其国籍、性别、年龄、社会地位、信仰、血统、残疾、怀孕、婚姻状况、服役经历、生理状况或其他非由法律禁止录用的条件而受到歧视”。

（2）招聘广告应当避免出现歧视性内容，比如性别、身高、地域、民族、户籍等限制，或者即使有，背后也应该有一个客观合理的与岗位胜任/业绩相关的解释。

（3）如果真的会因为某个因素而影响员工的工作业绩，HR可以在面试的过程中筛选就行了。

10. 如何设计员工招聘条件和录用条件?

答：招聘条件是企业招聘员工时应聘者应当具备的基本条件；录用条件是企业招聘员工时应聘者应当具备的决定性条件，是能否通过试用期的主要判断依据。

招聘条件是为了吸引求职者投递简历，并大致以此作为筛选标准；录用条件是企业录用员工的标准和能否转正的判断依据。企业投入精力招聘员工，而录用者不能转正，同样是招聘损失。所以 HR 要学会设计招聘条件和录用条件。

招聘条件应当包含：学历、专业知识与技能、工作经历、性格特点、能力素质、适应的企业文化、地点、工作环境等。

录用条件可以更细化，可以包括更多的内容，大致分为：

（1）招聘条件；

（2）业绩条件，具体的细节可以在考核协议上进行清晰的明示；

（3）能力条件，可以细化到专业需要的知识要点、技能要点、流程掌握，以及一些软能力素质的具体定义等；

（4）入职资料条件，比如常用的缴纳社保、公积金等必需的人事资料；

（5）品德/品格/纪律方面的要求。

案例

某跨国公司劳动合同中的规定

试用期内，甲方有权评估乙方的技能及工作表现，以决定乙方是否符合录用条件。如乙方在试用期内被证实不符合录用条件，则甲方有权根据本合同的规定立即与其解除合同。包括但不限于有下列情形之一的视为不符合录用条件：

乙方被查实不符合招聘时公示的招聘条件或劳动合同中定义的岗位要求的；

乙方未完整提供应聘职位所要求的个人信息或提供了虚假的个人信息

（包括但不限于个人履历、健康状况、相关学历/学位或其他证书、其他信息）；

乙方由于其欺骗、隐瞒、不诚实行为或其他原因未能通过甲方的雇用前审查程序；

乙方未能提供政府规定的相关就业文件，致使甲方无法办理录用手续的；

乙方未能提供甲方办理入职录用、社会保险、住房公积金需要的文件、证明及其他必要资料的；

乙方未与原用人单位解除、终止劳动合同的；

乙方对原用人单位承担竞业限制义务和保密义务，但未诚实告知甲方的；

员工未通过试用期考核的，比如考核等级在D或E的。或没有通过SOP测试的；

试用期内，有违反公司的纪律管理规定的；

在试用期内，专业能力考核分数在60分以下的；

试用期内，入职培训后的入职考试分数在60分以下的。

案例中的跨国公司对录用条件的规定非常详细，值得借鉴。那么如何通过适当的形式把招聘条件、录用条件告知员工呢？一般可以通过下列载体来进行公示：

（1）招聘广告；

（2）录用函；

（3）试用期考核文件；

（4）劳动合同；

（5）员工手册（规章制度）；

（6）职位说明书；

（7）应聘申请表或入职登记表。

11. 企业招聘时，能否要求员工在一定期限内不能结婚生育？

答：根据《婚姻法》第三条规定，“禁止包办、买卖婚姻和其他干涉婚姻自由的行为。禁止借婚姻索取财物”，因此，企业不得硬性要求员工不能结婚或不能生育。

当然，在实践中，结婚和生育也的确给企业带来不便，作为用人单位，我们能做什么来减少这种影响呢？

（1）关怀员工的婚姻大事，对婚期来临的员工进行特殊的考核，对未影响工作、任务完成好的员工予以奖励；

（2）在工作上，与员工协商好工作交接方案，争取员工的配合；也需提前准备好后备人手，以备需要时能用得上。

12. HR 应当如何审查应聘者的身份，以规避相关法律风险？

答：审查应聘者的身份是有其法律意义的，否则会面临很多法律风险：

（1）确保应聘者作为自然人与法律人的两者身份的统一；

（2）确保有效劳动关系的建立，避免混淆和争议；

（3）确保人工成本的有效支出（五险一金），否则可能这些费用就白交了；

（4）避免在劳资纠纷中承担不利的法律后果（比如，如果弟弟用哥哥的身份证去公司报到，弟弟受伤，企业应承担不利后果）。

因此，我们可以通过以下途径审查应聘者的真实身份：

（1）核对身份证照片，如果不像本人，可以提出质疑，寻求对方解释；

（2）查看户口本，确定关系人；

（3）要求员工写承诺函；

（4）如果需要，可以去公安部门核查；

（5）查看应聘登记表中的身份证信息是否与其他登记的信息相一致。

13. HR 应当如何防止承担对前用人单位的法律责任？

答：用人单位在一些情况下可能因录用应聘者而受到相关的法律牵

连，比如：

（1）应聘者未与前任雇主解除劳动关系；

（2）应聘者泄露了原单位的商业秘密；

（3）应聘者与原单位签订了竞业限制，且竞业限制仍然有效。

作为 HR，为避免被牵连的风险，我们应该做好以下入职前的审查：

（1）审查离职证明，确保应聘者已经与原单位解除/终止了劳动关系；

（2）审查保密义务，包括其与前单位签订的任何劳动合同或保密协议，以及其从事的工作内容中可能包含的商业机密；

（3）审查竞业限制义务，包括签订的各种协议书；

（4）如果应聘者没有主动报告任何协议，则可以要求应聘者写承诺书。

14. 招聘时，如何落实企业的知情权？

答：《劳动合同法》第八条　用人单位招用劳动者时，应当如实告知劳动者工作内容、工作条件、工作地点、职业危害、安全生产状况、劳动报酬，以及劳动者要求了解的其他情况；用人单位有权了解劳动者与劳动合同直接相关的基本情况，劳动者应当如实说明。

作为用人单位，如何行使自己的知情权呢？

（1）审查与履行劳动合同有关的信息，比如审查应聘者的基本信息、身体状况、就业状况、过往表现和业绩情况、资质证书、保密或竞业限制义务、兼职情况、培训服务协议、劳动合同解除/终止情况、离职证明等。

（2）为预防应聘者提供虚假信息，企业可以把这种虚假行为定义为“严重违反公司规章制度”。

（3）保存审查结果的证据，如果可能，让应聘者自己签字确认，比如可以用承诺函的形式或复印件原件化等办法来固定这些证据。

（4）在审查渠道上，企业可通过下列途径来了解员工的基本信息（表 2-1）：

表 2-1　企业核实员工信息的渠道

	员工信息种类	核实方式	参考网站及渠道
1	身份信息	身份查询网站查询	www. IP138. cn
2	学历、学位、资格证书条件	学历及资格认证网站查询	www. chsi. com. cn
3	大学生英语四六级考试成绩真实性	四六级考试官方网站查询	www. cet. edu. cn
4	工作年限	所在地社会保险网站查询	各地社保网
5	是否办理退工	劳动部门查询	所在区劳动局或劳动所
6	是否存在竞业限制或服务期协议	社会调查机构	咨询公司或律师事务所

（5）企业也可以对应聘人员进行背景调查（表 2-2）。

表 2-2　企业对应聘人员的背景调查

调查内容	可能导致的风险	应对措施
学历与工作经历	招聘到不符合要求的员工	主动查询审查
外语语言能力	无法适应语言工作环境	查询资格证书加外语口试
是否存在潜在疾病	解除合同时受到医疗期限制	入职前体检
年龄是否达到 16 岁	行政处罚甚至刑事责任	查验身份证件
是否与其他企业存在劳动关系	承担连带赔偿责任	查验离职证明单
是否对其他企业承担竞业限制义务	承担连带赔偿责任	主动问询前任职企业
外国人是否办理就业手续	违法，并且导致合同无效	查验相应的证件和资格

15. 如何设计《面试登记表》，从而减少风险？

答：面试登记是一个重要的入职环节，而且具有很重要的法律意义。面试登记表有以下作用：

（1）让应聘者允许授权，以便企业日后在此授权下进行背景调查；

（2）往往能够得到更真实的身份信息；

（3）表中的信息如有欺诈或虚假信息，可为日后解除合同提供法律依据；

（4）填写该表的态度反映出应聘者的性格和动机强弱，试想如果一张表都不能认真填写的人，还能指望其将来做事能认真到哪里去？

（5）如果在该表上显示录用条件，则对录用条件起到公示的作用；

（6）获取第一手的学历、就业经历、奖惩记录、薪资、健康状况等信息；

（7）该表由应聘者自己填写，其笔迹是本人留下的，因此有很高的法律效力。

为了让面试登记表起到上述作用，企业在设计该表时，可以考虑以下要素：

（1）应聘者的基本身份信息；

（2）就业经历，兼职信息，担任职位，相关证明人信息和联系方式；

（3）教育经历和学历信息，相关证明人和联系方式；

（4）与原单位的劳动关系和可能存在的协议，培训/保密/竞业限制等；

（5）原单位的奖励与惩罚记录；

（6）应聘者承诺，授权与签名；

（7）健康信息；

（8）应聘职位，对应的招聘条件与录用条件；

（9）有效通信地址和联系方式，并注明“本人承诺本人联系地址与紧急联络人联络方式如有变更，应在××日内通知公司，而在此期间或之后因未变更相关联络方式导致相关法律文书不能送达的，相关责任和法律后果由本人承担”；

（10）在表的末尾做出特别说明：“本人承诺上表所填事项均翔实可靠，愿接受公司对表内所有资料的核实查证，如有任何虚假信息，公司有权解除劳动合同”；

（11）考官评价与推荐信息等。

16. 背景调查如何做，才合法高效？

答：背景调查是招聘的环节之一，也是有效防范劳资纠纷和风险的手段之一。通过调查，查证应聘员工阐述或提供的信息是否真实，也可以从第三方获得信息以证明应聘员工的能力、诚信度、过往的业绩和表现等。

调查的主要内容包括：

（1）基本信息：身份证、教育背景、资格证书；

（2）工作职责与工作经历（项目、职位、特殊任务）；

（3）工作业绩与奖励记录；

（4）工作表现与违法违纪记录；

（5）工作能力与素质、品德情操；

（6）健康状况、职业病档案记录；

（7）劳动关系状况。

另外，HR尤其要注意背景调查可能引起的法律风险，包括：

（1）调查来的信息不真实，比如所谓的第三方是应聘者设计或包装过的；

（2）背景调查的手段涉嫌违法；

（3）背景调查的内容侵犯了员工的隐私；

（4）没有被授权而展开调查。

因此，HR在做背景调查之前，应先取得应聘员工关于背景调查的法律授权。授权书的主要内容包括：允许调查的意思表示，允许调查的范围，调查结果的处理方式等。

17. 员工体检如何实施，才能规避法律风险？

答：在员工入职体检方面，国家有相关的法律规定，比如《就业促进法》第三十条、《就业服务与就业管理规定》第十九条、《职业病防治法》第三十六条，用人单位要避免违反这些法律规定。

常见的孕检、乙肝、职业病等也有特殊的规定，这些体检都与特定的岗位有关系。参考《女职工劳动保护特别规定》，属于禁止怀孕女工工作的，可以孕检。职业病体检是对有职业危害岗位的一种特殊岗前健康检查，是企业必须做的检查，是一种保护员工健康的行为。关于乙肝，除非国家卫生行政部门规定的某些禁忌岗位，否则一般的岗位不能对乙肝进行血清学的检查。

很多用人单位会进行各种检查，其体检结果的应用要特别慎重。一般不建议直接应用，即不建议作为拒绝录用的直接理由，除非该检查结果适用国家禁忌岗位的相关规定，比如乙肝病原携带者不能从事厨师工作。一般来说保育员、厨师不能有传染病，外线电工不能有高血压，司机不能有色盲等。

18. 如何避免应聘员工不承认自己提供过虚假材料？

答：很多时候 HR 认为，只要员工提供了假的身份证、学历证书、简历信息，就可以以此为由来解除合同。可此时如果员工翻脸不认账，说："这不是我当初提供的呀！""何以证明这是我提供的？"HR 则哑然，还得找证据证明确实是员工提供的，因此 HR 要防范这种风险。

在实践中，常见的做法包括：

（1）将员工首次投递的简历打印好，员工签字保留；

（2）面试登记表让员工亲笔填写；

（3）提供的各种资料的复印件上，让员工写上"确认与原件无异"，并签名。

19. Offer 如何拟定，才能防范法律风险？

答：Offer 就是录用函，是用人单位向应聘者发出的要约，如果应聘者对录用函进行承诺，则双方达成了合意。

一般来说，录用函应具备以下内容：

（1）录用的意思表示；

（2）录用信息：岗位，报到时间，上班地点；

（3）如果需要的话，可以载明录用条件的相关描述；

（4）入职须知的内容，比如报到时应携带的资料及未携带的法律后果；

（5）签订劳动合同的通知；

（6）违约责任；

（7）Offer 本身的有效期限，比如 3 天或一周，以及过期作废的意思表示；

（8）如果需要的话，可设置 Offer 生效的前提条件：比如入职前的背景调查通过、体检通过、入职登记表信息真实完整等；

（9）单位落款与日期。

20. 入职奖金可以作为服务期未满的违约金吗？

答：有些企业，为了鼓励员工尽快入职，于是在劳动合同之外和员工单独签订签约奖金协议（Sign-on Bonus Agreement），约定员工入职并通过试用期后即支付 3 万元入职奖金；同时约定员工为此应为企业服务满两年，如果服务不满两年，离职前应全额退回 3 万元，并将这种不满服务期限的离职视为一种违约。

《劳动合同法》第二十五条规定，“除本法第二十二条和第二十三条规定的情形外，用人单位不得与劳动者约定由劳动者承担违约金”。由于入职奖金协议不属于法律规定的两种情形（即违反专项培训服务协议或竞业限制协议两种情形），因此企业与员工约定的这种类似违约金的条款，可能被司法机关认定为无效条款。那企业如何做才可以降低风险呢？企业可以约定服务完一年后给××元服务奖金，这样就不至于付完却讨不回来。

21. Offer 如何发放，才能降低风险？

答：常见的错误做法是在发出 Offer 后，要求体检，再根据体检情况决定是否履行 Offer。这种做法的风险是：

（1）涉嫌就业歧视，应聘者如果不是职业禁忌的健康问题，就不能以此为由拒绝履行 Offer。

（2）应聘者如果觉得被歧视，可以诉讼公司的歧视行为；公司若败诉，则可能要继续履行录用函确定的建立劳动关系的义务，并且公司声誉会受到影响。

（3）可能要赔偿相关的损失。

因此建议的做法是：Offer 应当在用人单位决定录用，且对应聘者无任何疑义后再发出。

22. 发出录用函后即后悔，该如何操作来降低风险?

答：关于这点，先要弄清撤回、撤销或解除录用函的法律规则：

（1）如果录用函还未到达应聘者，则撤回录用函。但撤回的通知要比录用函先于或同时送达应聘者。

（2）如果录用函已经送达应聘者，但对方还未发出承诺，则撤销录用函。撤销的通知先于应聘者发出承诺之前送达应聘者。

（3）如果应聘者签字后的录用函已经寄出，则 Offer 就发生法律效力了，此时后悔的话，只能单方解除了。

23. 录用函与劳动合同都是正规协议，法律性质一样吗?

答：录用函的法律性质：

（1）单位发出录用函，是企业向特定人员发出的同意建立劳动关系的意思表示，谓之要约；应聘员工签收录用函，是应聘员工接受建立劳动关系的意思表示，谓之承诺。

（2）要约+承诺=合同，此时合同成立，发生法律效力。

（3）双方是平等的两个民事主体，没有管理上的隶属关系，因此该录用函是民事合同，不是劳动合同。

（4）解决争议的法律依据通常是一般的解决民事合同纠纷的法律，比如《中华人民共和国合同法》。

劳动合同的法律性质：

（1）合同双方主体：建立劳动关系的双方当事人必须是用人单位与劳动者，双方有管理上的隶属关系。

（2）合同内容：双方劳动权利义务的约定。

（3）双方如果发生争议，适用于《劳动合同法》《劳动法》等相关法律。

24. Offer能否注明“体检不符合要求时就自动作废”？

答：很多Offer会在体检之前就发出，同时注明“体检不符合要求时就自动作废”，这是一个要满足附加条件才生效的录用函，本质上这是附条件的民事合同。如果仅从一个民事合同的角度看，这种设置是有效的。但在具体判定员工体检结果能否作为录用的先决条件时，还要看其他法律法规以及具体的岗位性质，如下：

（1）有效情形

①国家卫生行政部门禁止的因为某种疾病或身体状况不能从事某些岗位的工作。

②职业危害因素可能加重目前应聘者本身就有的职业病的程度。

（2）无效情形

体检结果发现的一些所谓的身体异常与应聘的岗位并不冲突，没有相关的法律依据，此时依据所谓的异常就不录取是不可以的，因为这涉及就业歧视，不符合《就业促进法》的精神。

25. 企业解除Offer后，员工来追责，应如何应对？

答：有的时候，用人单位可能因为某些原因，不得不违约解除Offer，此时应聘员工是可以追究用人单位违约责任的，比如要求用人单位继续履行录用的义务，或要求单位赔偿其经济损失。此时，单位一般的应对策略包括：

（1）事先约定Offer生效的一些前提条件。

（2）在Offer上约定好违约金，这样即使违约，也有据可循了。

（3）如果没有上述情况，单位仍然强行解除Offer时，员工要求赔偿也情有可原，但应该让员工举证列举具体的损失事项，如果不能举证，空口无凭地狮子大开口，当然不能满足，法律也不会支持。

26. 员工尚未与原单位解除劳动合同，能否向员工发出录用函？如何操作？

答：在我们大多数人的印象中，必须是新员工先与原单位解除劳动关系，才可以建立新的劳动关系，但事实是即使双重劳动关系也不一定就是违法的。参见《劳动合同法》第三十九条第四项："劳动者同时与其他用人单位建立劳动关系，对完成本单位的工作任务造成严重影响，或者经用人单位提出，拒不改正的"，以及参照《最高人民法院关于审理劳动争议案件适用法律若干问题的解释（三）》第八条："企业停薪留职人员、未达到法定退休年龄的内退人员、下岗待岗人员以及企业经营性停产放长假人员，因与新的用人单位发生用工争议，依法向人民法院提起诉讼的，人民法院应当按劳动关系处理"。

因此，双重劳动关系是可以存在的。但是建立双重劳动关系有一定的法律限制：

（1）对完成本单位的工作任务不能造成严重影响。这是对员工的限制。

（2）用人单位招用与其他用人单位尚未解除或者终止劳动合同的劳动者，给其他用人单位造成损失的，应当承担连带赔偿责任。这是对用人单位的限制。

用人单位可以向未解除劳动合同的员工发出录用函，一是因为录用函只是双方建立劳动关系的意思表示，并不代表双方劳动关系就已经真的建立；二是即使已经建立了劳动关系，法律也并不禁止双重劳动关系的建立。关键是做好员工的背景调查，避免承担连带赔偿责任。

27. 员工收到录用函后迟迟不做出承诺（即签字），企业该如何应对？

答：员工在录用函上签字就属于法律上的一种承诺行为，这种承诺行为不能遥遥无期，而应当在 Offer 确定的期限内到达要约人。如果 Offer 没有确定承诺期限，员工的承诺则依照下列规定到达：

（1）要约以对话方式做出的，应当即时做出承诺，但当事人另有约定的除外；

（2）要约以非对话方式做出的，承诺应当在合理期限内到达。具体参照的条款为《中华人民共和国合同法》第二十三条。

在实践中，企业应如何应对迟迟不肯做出承诺的应聘员工呢？

（1）在录用函中确定承诺的期限，比如三天之内，且过期作废。

（2）在录用函中确定承诺的方式，比如邮件先回复，随后邮寄签字的Offer；或发传真、照片等。

28. 员工对录用函的内容进行了修改，企业如何应对？

答：先思考一个问题，应聘员工有没有权利修改录用函？

《中华人民共和国合同法》第三十条　承诺的内容应当与要约的内容一致。受要约人对要约的内容做出实质性变更的，为新要约。有关合同标的、数量、质量、价款或者报酬、履行期限、履行地点和方式、违约责任和解决争议方法等的变更，是对要约内容的实质性变更。

第三十一条　承诺对要约的内容作出非实质性变更的，除要约人及时表示反对或者要约表明承诺不得对要约的内容作出任何变更的以外，该承诺有效，合同的内容以承诺的内容为准。

从这两则条款可以看出，应聘者变更实质性内容，无效；对非实质性内容变更且要约人没有表示反对或要约没说不能做任何修改，则这种变更是有效的。

在实践中，我们对应聘者修改录用函的应对策略是：

（1）在录用函中明确录用函的内容不可做出任何修改，任何修改即视为拒绝承诺，本Offer立即无效；

（2）如果修改内容不是实质性的改变，对改变后的新要约，企业可以选择承诺或反对，视情况而定；

（3）如果修改内容是实质性的改变，可以拒绝接受，或重新与员工协商确定录用函的新内容。

第3章

新员工入职的用工风险

29. 企业应当建立什么样的入职流程，以防止法律风险？

答：根据《劳动合同法》第七条“用人单位自用工之日起即与劳动者建立劳动关系”，入职之日=用工之日。一旦建立劳动关系，则从法律上意味着：

（1）员工应当接受企业的管理；

（2）劳动权利义务开始履行；

（3）所有与劳动关系管理相关的法律法规开始生效和适应。

因此，落实入职流程很重要，常见的步骤包括：

（1）发放入职须知；

（2）审查员工提交的相关资料并做出处理，比如归类归档、复印资料并使之有效保存，未提交资料的做下一步处理；

（3）签订劳动合同；

（4）公示规章制度；

（5）领取相关资料；

（6）组织员工培训和考试；

（7）认识入职伙伴；

（8）确定试用期的管理与考核。

30. 新员工入职，如何确定劳动关系的建立?

答：用工之日即劳动关系建立之日。那么如何判断“用工之日”呢？满足两个条件即可判断：劳动者开始提供劳动，且用人单位开始计发工资。

大多数单位将入职之日视为用工之日，但也有少数单位有明确的界定，比如报到之后，先组织培训考试，合格后再确定上岗的具体日期，以此作为用工之日，此时就把入职之日与用工之日做了区分。

31. 新员工入职，如何将公示有效告知?

答：《劳动合同法》第四条第四款　用人单位应当将直接涉及劳动者切身利益的规章制度和重大事项决定公示，或者告知劳动者。

因此，向员工公示规章制度是企业的一项义务。那么如何向新员工公示呢？一般可以通过以下措施进行公示：

（1）新员工对制度手册进行签字签收；

（2）让新员工登录规定的网络，阅读规章制度并组织考试；

（3）组织新员工现场学习并考试；

（4）贴在公告栏上；

（5）在微信公众号或微信群中公示。

有的企业员工在入职时签收了制度手册或员工手册，但后来手册改动很大。在发生争议需要仲裁时，企业提供的是最新版本的手册，而员工签收的是旧手册，这样仍然表示企业告知不到位。因此，建议企业在合同中规定，公司的规章制度公示在×××，员工应定期阅读这些制度，而且制度一旦在×××公示（要保留证据），就视为公司已经履行告知义务。

32. 员工看管企业贵重物品，能否要求其提供担保或抵押身份证?

答：《劳动合同法》第九条　用人单位招用劳动者，不得要求劳动者提供担保或者以其他名义向劳动者收取财物，不得扣押劳动者的居民身份证或者其他证件。

因此，从法律角度看，不管员工看管的物品多么重要，都不能以扣押或担保的方式来达到掌控劳动者的目的。

但在实践中，有的员工不辞而别，有的员工不在乎昂贵的生产设备而随意操作，有的员工不愿意做交接，有的员工吃里爬外损害单位利益，有的员工刚完成培训就走人，有的员工借款不还，……由于这些员工流动性较大，不易于通过正常法律途径管理和索赔，导致用人单位只能通过收取风险抵押金、抵押物或扣押身份证等方式来规避损失。这么做的风险是被劳动监察部门查到且罚一点款，而不这么做的风险是给单位造成损失，两种行为都有风险，所以企业可以自己斟酌如何选择。

33. 新员工不能提供离职证明，如何处理？

答：《劳动合同法》第五十条第一款　用人单位应当在解除或者终止劳动合同时出具解除或者终止劳动合同的证明。

《劳动合同法实施条例》第二十四条　用人单位出具的解除、终止劳动合同的证明，应当写明劳动合同期限、解除或者终止劳动合同的日期、工作岗位、在本单位的工作年限。

因此，任何企业都有义务为离职员工开具离职证明。但很多单位没有这种意识，甚至有的单位还故意不给开离职证明，将其当成一个为难离职员工的工具。有的单位为了威胁员工，甚至说会开一个具有负面信息的离职证明。

如果企业录取的员工没有离职证明，那还能录用吗？企业可以对照以下三种情况处理：

（1）若该员工客观上与上一用人单位的劳动合同已经解除或终止，则录用该员工已无法律障碍（当然要有类似证明，比如对方的离职交接单等）。

（2）即便该员工仍与上一个单位有劳动关系，如果新用人单位不担心会引起连带赔偿责任，那么也是可以入职的，因为法律并不禁止双重劳动关系。

（3）如果员工不能提供离职证明，还可以用别的措施来弥补，比如：

①该员工提供向原单位提出的离职申请；

②该员工提供与原单位的工作交接记录表；

③该员工提供按照原单位要求办理的离职流程表；

④该员工持身份证去社会保险经办机构开具已经对其社会保险进行减员的证明等；

⑤电话录音证明该员工已经与原单位解除了劳动关系；

⑥让员工写一个承诺函，这也是降低风险的做法之一。将员工提供的其他证明资料连同承诺函一并存档，作为员工的离职证明。

34. 新员工入职，原单位不放人也不给证明，能挖过来吗？

答：当原单位不肯放人且员工也不能提供离职证明时，很多企业的常见做法是：不办理入职手续（不签订劳动合同或不缴纳五险一金），但实际开始用工。这种做法是有风险的。因为不论你办理入职手续与否，不论你签了合同与否，也不论你交了五险一金与否，企业都开始了用工，自用工之日就实际上建立了劳动关系，此时此刻就要履行双方的权利和义务。有的企业以为让员工写一个承诺函，就会没事；或不让员工考勤打卡，或签一个劳务合同来代替劳动合同。凡此种种，都不可取。

那么企业如果很想挖这个人入职，怎么做才能降低风险呢？

（1）如果员工自愿离职，但原单位拒不放人，可让员工书面提出辞职，并保留证据。

因为依据《劳动合同法》第三十七条的规定，只要劳动者提前30天辞职，则30天后劳动者和用人单位的劳动关系从法律角度来说就自动不存在了，因此企业不能强留也无法强留劳动者，更不能以扣工资奖金、不给离职证明、不配合档案转移等做法为难劳动者，这些做法都是非法的。

（2）员工向本单位出具承诺函，承诺函内容如下：

本人×××，身份证号：×××××，向××公司郑重承诺，本人已经与××公司解除劳动合同，若因本人做虚假承诺，给公司造成任何不利后果，都由本人承担。

用人单位可将员工提供的证明资料连同承诺函一并存档，作为员工的离职证明。

35. 新员工入职，如何审查员工已经承担的保密义务？

答：《劳动合同法》第二十三条第一款　用人单位与劳动者可以在劳动合同中约定保守用人单位的商业秘密和与知识产权相关的保密事项。

《反不正当竞争法》第二十条　经营者违反本规定，给被侵害的经营者造成损失的，应当承担损失赔偿责任，被侵害的经营者的损失难以计算的，赔偿额为侵权期间因侵权所获得的利润；并应当承担被侵害的经营者因调查该经营者侵害其合法权的不正当竞争行为所支付的合理费用。被侵害的经营者的合法权益受到不正当竞争行为损害的，可以向人民法院提起诉讼。

以上两则条款大致的意思是：既要保守目前所在单位的商业秘密，又要保守知悉的原单位的商业秘密。在新单位工作，如果没有保守好原单位的秘密，且给原单位造成经济损失，则员工和新单位要承担连带的赔偿责任，具体为直接经济损失、获得的利润和调查费。

在劳动关系中侵犯商业秘密的法律主体有两个：一个是劳动者，其在工作过程中可能不自觉用到原单位的秘密。虽然在员工看来，就是固着在其身上的专业知识和技能的发挥而已，但这些专业知识和技能很可能涉及原单位的商业秘密。另一个主体是用人单位，用人单位使用了员工含有原单位商业秘密的作品、报告、设计思路等，与员工一起侵犯了原单位的商业秘密，有连带责任。

作为用人单位，我们该如何判断新员工是否承担了原单位的保密义务呢？实践中，一般通过下列方式来判断：

（1）接触史，即他是否接触过原单位的商业秘密。

（2）相似程度，即他接触的商业秘密知识与本单位知识的相似程度。例如，他接触的是制造汽车的知识，而你的单位是制造轮船的，那么这种知识的相似度很低，构成侵权的可能性也就很小。

（3）查看新员工与原单位签订的保密协议，有哪些内容需要保密，有多大的范围，等等。

用人单位该如何保护自己呢？我们可以要求新员工提供与原单位签订的保密协议；可以通过询问来判断员工是否接触，以及这种商业秘密知识的相似度；可以要求新员工写一个承诺函，内容是“坚决保守原单位的商业秘密”。

36. 新员工入职，如何审查员工已经承担的竞业限制义务？

答：《最高人民法院关于审理劳动争议案件适用法律若干问题的解释（四）》第十条　劳动者违反竞业限制约定，向用人单位支付违约金后，用人单位要求劳动者按照约定继续履行竞业限制义务的，人民法院应予支持。

从这条法律来看，如果新员工违反竞业限制协议，对新单位会有不利后果，比如基于“继续履行竞业限制义务”，新员工可能需要辞职，这样新单位不得不重新招人。

为了避免这种风险，我们可以审查：

（1）员工原单位与本单位之间是否具有竞争关系，因为如果压根儿没有竞争关系，那么即使员工有竞业限制协议，也不会对员工来本单位工作造成任何影响。

（2）如果有竞争关系，则继续审查员工的竞业限制协议或条款是否有效。比如拟录用的员工是否是法律规定的可以签订竞业限制的人员，对方单位是否还在履行补偿的义务，等等。

如果经过审查发现，对方的竞业限制协议已经无效，则可以大胆使用。如果经过审查，其竞业限制协议有效，且应继续履行，那么新用人单位要考虑竞业限制期限以及剩余的期限，然后酌情考虑如何处理。

37. 新员工无法提交参保资料怎么办?

答：不缴纳社保的法律后果包括补缴、滞纳金、行政罚款、员工以此为由辞职的经济补偿以及可能的工伤或生病引起的报销和补偿等。

因此，如果员工未提交参保资料，作为用人单位，需要采取适当措施来保护自己，降低风险。例如，要求员工向公司出具承诺函，或购买商业保险来降低风险，或干脆拒绝录用等。特别要说明，对于一些高风险岗位，最好拒绝录用。

38. 确认员工入职的联系方式，能防范什么法律风险?

答：这是一个无纸化办公的时代，很多网络账号都不是实名制的，因此从员工关系的角度看，要保留证据以及举证越来越困难。试想，如果员工对自己的言行进行否认，那用人单位如何证明员工在邮箱、微信或 OA 上的言行举止就是该员工的言行举止呢？如何建立证据链条，使证据发生应有的法律效力呢？

具体做法是：固定员工与这些联系/沟通方式之间的关联关系，这样做的目的是规范劳动关系管理，使员工对自己的行为负责，预防劳动纠纷的发生。万一发生了劳动纠纷，由于提前建立了证据链，所以证据能真正具有法律效力。固定的方法是：通过表格或声明来确认，并保存这些原始的确认签字。

39. 入职员工拒交五险一金，用人单位应如何处理才能防范法律风险?

答：当员工拒交社保时，一些企业常见的处理方式是给员工额外发放社保补贴，或要求员工自行缴纳，或在合同上写明与单位无关。这些做法都是错误的，并没有防范或降低风险。

如果员工拒绝缴纳社保，企业可以采取以下策略：

（1）要求员工自己写申请，并注明因为员工一方的原因而无法缴纳社保，并承诺不追究单位的责任。

（2）给员工购买某些商业保险，比如意外伤害保险或雇主责任险。

（3）如果岗位风险很高，则可以在符合法律的条件下解除劳动合同。

40. 新员工拒绝签收公司规章制度怎么办？

答：公示规章制度是企业的权利，也是一种义务，还是规章制度生效的必要条件。

但在实践中，员工可能以各种理由拒绝签收规章制度，那该怎么办？

（1）可以在入职须知中明示："员工拒绝签收规章制度即视为不符合录用条件"；

（2）用人单位用其他方式来达到公示的目的，比如：

①让员工在入职培训中学习，并做好会议纪要、培训记录签名、考核考试资料的保留；

②EMS 邮寄公示，封面写明邮寄的是什么，保留底单；

③网络公示。

41. 能否根据入职后的培训成绩作为解除劳动合同的依据？

答：将培训成绩作为录用条件来解除劳动合同是有一定法律风险的，关键是在录用条件中是否做了足够的描述。企业可以采取的措施包括：

（1）将培训合格作为试用期考核的录用条件之一。当然这里要明确合格的定义，比如分数达到多少分，或通过什么测试，或达到什么等级。

（2）改变入职培训的性质，将培训作为录用的一个测试环节来看待。此时培训合格是录用函生效的一个前提条件，即培训不合格，Offer 自动失效，当然就不能录用了。

第4章

试用期管理的用工风险

42. 试用期员工工资应如何约定?

答:《劳动合同法》第二十条　劳动者在试用期的工资不得低于本单位相同岗位最低档工资或者劳动合同约定工资的百分之八十,并不得低于用人单位所在地的最低工资标准。

《劳动合同法实施条例》第十五条　劳动者在试用期的工资不得低于本单位相同岗位最低档工资的80%或者不得低于劳动合同约定工资的80%,并不得低于用人单位所在地的最低工资标准。

举例说明:当地最低工资标准A=1280元;合同约定工资为1800元时,则B=1800×80%=1440元;本岗位最低档工资为1500元,则C=1500×80%=1200元。因此,在A、B、C三个工资水平中,取最大的一个,即1440元。

43. 非法约定试用期可能有哪些法律后果?

答:很多单位认为试用期可以随意更改(多数为随意延长),其实这种做法有一定的风险。

《劳动合同法》第八十三条　用人单位违反本法规定与劳动者约定试用期的,由劳动行政部门责令改正;违法约定的试用期已经履行的,由用人单位以劳动者试用期满月工资为标准,按已经履行的超过法定试用期的期间向劳动者支付赔偿金。

由此可见，随意约定试用期会有以下后果：

（1）无效；

（2）责令改正；

（3）赔偿；

（4）违法解除劳动合同要承担法律责任。

举例说明：只能约定2个月的试用期，但用人单位与员工约定了3个月的试用期，前三个月，按试用期工资2400元发放，第四个月才按照合同约定的3000元发放。

在法律上，第三个月就是转正的员工了，因此员工可以主张：

（1）法律诉讼；

（2）第三个月的试用期无效；

（3）支付第三个月的工资差额（3000−2400＝600元）；

（4）要赔偿一个月的工资3000元；

（5）如果用人单位在第三个月底以不符合录用条件为由解除合同，则属于非法解除，应双倍赔偿或恢复劳动关系。

44. 在集团内子公司之间转职，能重新设立试用期吗？

答：《劳动合同法》第十九条　劳动合同期限三个月以上不满一年的，试用期不得超过一个月；劳动合同期限一年以上不满三年的，试用期不得超过二个月；三年以上固定期限和无固定期限的劳动合同，试用期不得超过六个月。同一用人单位与同一劳动者只能约定一次试用期。以完成一定工作任务为期限的劳动合同或者劳动合同期限不满三个月的，不得约定试用期。试用期包含在劳动合同期限内。劳动合同仅约定试用期的，试用期不成立，该期限为劳动合同期限。

因此，同一用人单位只能有一次试用期。但在同一集团内不同子公司之间转职，能否重新设立试用期，在相关的法律法规中没有明确的规定。

如果转职是用人单位主动安排的，则在连续继承原工作年限的前提下，试用期不宜重复设定，因为其原单位的工作年限中已经包含了一段试用期。否则会变成一段连续工龄期间有两次试用期的记录，与上述法律相悖。

但是，如果员工自己从原单位辞职，主动去申请其他子公司的职位且被重新录用的，则不能延续原单位的工龄，而是重新开始一段新的工龄，此时可以设立新的试用期，这段新的工龄中也只有这一个试用期的记录。

45. 对于试用期考核结果，员工不肯签字确认，怎么办？

答：在我们的绩效管理体系中，有一个考核并签字的环节，这个环节很重要，因为这表示员工承认了该考核结果。在试用期，这个考核结果（此处指不合格）一旦确认，则可以作为不符合录用条件的证据来解除合同。在转正后，这个考核结果（此处指不合格）一旦得到确认，就意味着企业有了认定员工不胜任工作的证据，企业可以单方面调整岗位，而如果是第二次，则可以单方面解除合同。

但有的时候员工就是不肯签字确认，这种情况该如何操作呢？用人单位要做的是尽量完善考核本身的过程管理，比如：

（1）多角度的考核；

（2）员工自己参与；

（3）考核结果沟通与通知的记录；

（4）允许员工对考核结果进行申诉；

（5）若申诉，则走正规的调查流程，重新审核考核的结果，以证明结果的客观公正性。

46. 企业能否把员工的身体条件作为试用期的考核内容？

答：在实践中，有些时候是不能将员工身体条件作为试用期考核内容的，否则涉嫌侵犯隐私权、涉嫌就业歧视，比如：

（1）员工身体状况不是法律禁止就业的情形；

（2）员工身体状况不是所从事的岗位禁止的情形。

有些时候可以将员工身体条件作为试用期考核内容，比如：

（1）员工的身体状况在工作过程中会给其他员工带来生理上的不利后果（比如非典、新冠肺炎等传染性疾病）；

（2）所从事的岗位或工作环境会加重员工自身身体的不良后果，比如高温、高寒、水湿、辐射等对员工的某些疾病或对孕期女员工有健康威胁（有医生的建议为好）；

（3）该条件事先已经告知了员工，员工已经认可。

47. 企业能否将书面考试作为试用期的考核方式？

答：法律上并没有明文禁止，也就是说可以这样操作，只要符合企业实际需要就可以，但要事先与员工约定好：考试结果作为是否转正的主要依据之一。

以下这些情形用书面考试替代试用期考核更符合企业实际需要，比如：

（1）强调纪律管理的劳动密集型企业，可以对企业规章制度流程等进行考核；

（2）技术含量要求较高的研发、技术类企业侧重培训专业技能，并进行考试；

（3）对产品的特性及企业营销策略需要充分了解的营销企业，可以进行知识或政策等的测试；

（4）招用应届毕业生较多的企业可以进行企业文化、规章制度、产品知识等方面的测试；

书面考试的内容一般分为以下类别：

（1）规章制度类；

（2）企业文化类；

（3）产品性能类；

（4）营销策略类；

（5）某些管理概念的理解；

（6）某些操作流程的理解；

（7）学习能力与学习态度；

（8）专业知识的学习。

48. 试用期期限与劳动合同期限有什么对应关系？

答：参照《劳动合同法》第十九条（见第 44 个问题解答），可以归结为以下内容，见表 4-1。

表 4-1　《劳动合同法》第十九条解析

劳动合同期限	试用期期限
以完成一定工作任务为期限	不得约定试用期
不满 3 个月的	不得约定试用期
3 个月以上不满 1 年的	不得超过 1 个月
1 年以上不满 3 年的	不得超过 2 个月
3 年以上的	不得超过 6 个月
无固定期限	不得超过 6 个月

49. 员工试用期内生病了，能否延长试用期？

答：试用期条款是劳动合同的条款之一，合同条款的修改变更必须经合同主体双方协商一致。试用期是劳动关系双方互相考核、增进了解的特殊阶段，这种权利对于劳动者和用人单位是对等的，因此试用期一经约定，非经合同双方协商一致，不能由任何一方随意延长或缩短。所以，即使员工请了病假，到了转正的日期，如果员工主张转正，用人单位仍然不能以员工请了病假为由而不予转正，应该走正常的流程决定转正与否。

当然，企业可以在事前考虑到这个情况，事先做好相应的约定，比如约定："如果乙方在试用期内请病假，则试用期自动延长相应的天数"。当然即使这样做，也最好不要超过国家允许的最长试用期天数。

50. 延长试用期是否合法有效？

答：延长试用期，本质上是改变双方已经约定的试用期期限，属于变更劳动合同。只要变更劳动合同，就需要双方协商一致，而不能由企业单方面来决定，非法的变更是无效的。因此，要延长试用期，就得双方协商一致，且延长以后的试用期不能超过法律规定的可以约定的试用期的上限。当然，企业可以变事后协商为事前协商，将协商前置，事先在劳动合同中做好约定。

51. 转正时，员工要求涨工资，合法吗？

答：《劳动合同法》第二十条　劳动者在试用期的工资不得低于本单位相同岗位最低档工资或者劳动合同约定工资的百分之八十，并不得低于用人单位所在地的最低工资标准。

《劳动合同法实施条例》第十五条　劳动者在试用期的工资不得低于本单位相同岗位最低档工资的80%或者不得低于劳动合同约定工资的80%，并不得低于用人单位所在地的最低工资标准。

（1）劳动者要求转正后涨薪的案例

王某与A公司签订了三年期限的劳动合同，试用期约定了6个月。劳动合同中的报酬约定为：王某月基本工资3000元，岗位工资3500元，各项津贴、补贴1500元，总计月工资8000元。试用期届满前，A公司对王某进行了考核，考核结果为优秀，王某正常转正。转正后的第一个月工资与试用期一样，王某依旧领到了8000元。王某很生气，并认为依据《劳动合同法》第二十条及《劳动合同法实施条例》第十五条的规定，其工资应当涨到10000元。王某找HR部门理论，HR部门应当如何应对？

（2）HR的应对

《劳动合同法》及《劳动合同法实施条例》规定的“80%”，是试用期支付员工工资的法律允许的最低标准，实际支付的金额并不必然是合同约定工资的80%。劳动合同约定工资是8000元，试用期工资也是8000元，说明公司在试用期就按照劳动合同约定工资的100%支付。是否重新约定试用期工资为 6400 元（8000×80%），员工才觉得合理？为什么员工不说是在试用期多拿了 1600 元（8000×20%）？是否应该返还给公司？公司如此看重该员工，员工应当感谢公司才是。

52. 企业如何决定是否给转正员工涨薪？

答：员工涨薪或不涨薪，企业握有主动权，以此来调动员工积极性，或达到迫使不符合要求的员工主动离开企业的目的。常用的方法有：

（1）仅约定试用期工资是多少；

（2）涨薪约定在试用期届满后的某一时间为宜，比如可以将涨薪约定为试用期届满×个月后；

（3）拟定涨薪的条件：

①经考核达到××业绩标准的，或对公司有重大贡献的，或经公司某部门决定应当涨薪的；

②没有违纪的行为表现；

③能适应企业文化，能很好地遵守公司制度；

④有良好的团队合作精神；

⑤专业能力达到××标准的；

⑥被认证为××级别的工程师职称的。

53. “试用期考核不合格”能否作为解除劳动合同的依据？

答：对于试用期内解除劳动合同，《劳动合同法》对劳动者的解除限制较少，《劳动合同法》第三十七条规定，劳动者在试用期内解除劳动合同只需要提前三日通知用人单位即可，无须解除理由；对用人单位的解除限制较多，即用人单位需要在劳动者不符合录用条件下予以解除。用人单位在劳动者不符合录用条件时，可以解除劳动合同，不需要提前通知，也不需要支付经济补偿金，不过需要有证据证明劳动者不符合录用条件。同时，《劳动合同法》第二十一条规定，用人单位在解除劳动合同时要向劳动者说明解除理由。因此，“试用期考核不合格”这个理由并不必然是企业在试用期解除合同的法定理由。企业必须在相关的文件制度中将试用期考核作为录用条件，而且经得起法律的推敲，才能得到法律的认可。

54. 常见的录用条件有哪些？

答：录用条件因企业或岗位性质而异。总体上讲，可以将以下五类因素确定为录用条件：

一是能力因素，如学历、经历、资质证书；

二是绩效因素，试用期绩效考核等级等；

三是态度与诚信类因素，如遵章守纪状况、诚实提供信息等；

四是身体因素，如无特殊疾病等；

五是法律因素，有原单位的解除劳动关系证明等。

例如，某企业规定的试用期内不符合录用的条件包括：

（1）伪造学历、证书与工作经历的；

（2）个人简历、求职登记表所列内容与自然情况不符的或有虚假信息的；

（3）经体检发现患有传染性、不可治愈或严重疾病影响工作的；

（4）填写虚假体检信息的；

（5）不能按时按量完成工作任务的，或考核成绩不达标的，或低于80分的；

（6）非因工伤无法在工作时间内提供正常劳动的；

（7）有任何违反公司规章制度规定行为的；

（8）在试用期内培训考核分数低于80分的；

（9）违反岗位操作流程的；

（10）不能在入职后半个月内提供入职要求的相关材料的；

（11）被有关政府机构以及相关法规列为不得从事该岗位工作的；

（12）与原用人单位没有解除劳动关系的或不能提供解除劳动关系证明的；

（13）达不到岗位说明书的能力要求的。

值得注意的是，未婚未育等侵权性条件或乙肝病毒携带者等歧视性条件，一般不能作为不符合录用条件的内容。

另外，企业以不符合录用条件解除合同时，要注意以下操作要点：

（1）企业有录用条件且被有效公示；

（2）有证据证明录用对象不符合录用条件；

（3）企业解除通知书应当在试用期内做出；

（4）解除通知书要说明理由并在试用期内交由员工签收。

55. 录用条件可通过哪些方式来公示？

答：从法律角度来说，公示就是用人单位有证据证明员工已知晓本单位的录用条件。那如何形成证据呢？常见的方法有以下几种：

（1）通过招聘公告来公示，并采取一定方式予以固定，为仲裁和诉讼保留证据；

（2）招聘员工时向其明示录用条件，并要求员工签字确认；

（3）劳动关系建立以前，通过发送录用函的方式向员工明示录用条件，并要求其签字确认；

（4）在劳动合同中明确约定录用条件或不符合录用条件的情形；

（5）在规章制度中对录用条件进行详细约定，并在劳动合同签订前将规章制度进行公示；

（6）在岗位说明书中对录用条件进行详细界定，并要求员工签收。

56. 员工在试用期生病，能否算作不符合录用条件？

答：员工在试用期生病（指重病），即进入医疗期，医疗期至少三个月。员工进入医疗期后，大部分地方法规没有规定企业可以单方面延长试用期，因此一般情况下不能延长试用期。

那么企业能否将员工生病算作不符合录用条件而解除劳动合同呢？在实践中，有些情况可以算作“不符合录用条件”，比如员工所患疾病是其所从事岗位的禁忌（比如厨师有传染病），且员工入职时，用人单位已经告知了这种疾病的存在将算作不符合录用条件。

但是大部分情况是不能算作不符合录用条件的，那么企业应如何操作？

（1）依然可以对员工的其他条件进行考核，以证明其是否符合录用条件；

（2）员工在医疗期内，并不影响以“不符合录用条件”解除劳动合同；

（3）员工转正后，企业可以在解除合同的法定条件出现时予以解除。

另外，用人单位依据员工请了多少病假来决定是否给员工转正，在法律上或许有争议，但是单位可以先将此项列在规章制度中，在真正解除合同的时候，采取协商解除的方式则更为妥当。

57. 试用期怀孕，用人单位能否以此作为不符合录用的条件？

答：有些情况下不可以作为不符合录用的条件，比如岗位本身并不禁止怀孕员工从事，如很多办公室的岗位。有些情况下可以作为不符合的录用条件，比如岗位本身不适合怀孕员工从事，且在招聘时已经告知岗位不适合孕妇，如果怀孕，就是不符合录用条件。

《女职工劳动保护特别规定》附录第三条　女职工在孕期禁忌从事的劳动范围：

（1）作业场所空气中铅及其化合物、汞及其化合物、苯、镉、铍、砷、氰化物、氮氧化物、一氧化碳、二硫化碳、氯、己内酰胺、氯丁二烯、氯乙烯、环氧乙烷、苯胺、甲醛等有毒物质浓度超过国家职业卫生标准的作业；

（2）从事抗癌药物、己烯雌酚生产，接触麻醉剂气体等的作业；

（3）非密封源放射性物质的操作，核事故与放射事故的应急处置；

（4）高处作业分级标准中规定的高处作业；

（5）冷水作业分级标准中规定的冷水作业；

（6）低温作业分级标准中规定的低温作业；

（7）高温作业分级标准中规定的第三级、第四级的作业；

……

在现实中，对试用期怀孕员工，企业如何解除合同呢？其实与试用期内的病假员工一样，企业可以按照下列方式操作：

（1）依然可以对怀孕员工的其他条件进行考核，以证明其是否符合录用条件；

（2）员工在孕期，并不影响企业以“不符合录用条件”解除劳动合同；

（3）当正式员工解除合同的法定条件出现时，企业可以解除劳动合同。

58. 入职后约定了录用条件，就能以此解除合同吗？

答：首先，约定条件的时间必须在试用期内，如果过了试用期，则在法律上就自动认为已经转正。

其次，该约定是否可以清楚反映对录用条件的确认及追认的问题。比如录用条件系入职 2 个月后约定的，那么此约定是否覆盖前 2 个月的时间范围？

最后，约定的录用条件是否容易衡量和考核。比如，约定的录用条件是工作积极、有责任感、有主人翁精神等标准，那就不好量化考核，很难以此来判定员工不符合录用条件。只有录用条件容易量化考核，得到的考核结论令人信服，才能得到法律的支持。

59. 企业能否不给员工转正？

答：试用期转正不是《劳动合同法》规定的内容，不是一个法律概念。在法律上，只有在试用期内，经考核不符合录用条件的，企业才可以单方面解除合同。所以，如果员工符合录用条件，企业必须给员工转正。

试用期转正是用人单位对试用期员工进行管理的一种行为，通过这种管理行为进一步确认员工是否符合录用条件，因此转正考核仅是确认员工是否符合录用条件的一个工作方式而已。

企业在试用期内没有解除劳动合同，一旦过了试用期期限，则在法律上就已经自动转正。法律只看试用期的时间区间，而不管企业实际如何操作、是否有转正形式、是否填考核表转正等。

在试用期结束之前，企业可以给考核合格员工转正，并提前结束试用期。

60. 企业在试用期解除劳动合同，应履行哪些程序？

答：企业在试用期解除劳动合同的法律程序如下：

（1）试用期届满前考核，以确定该员工是否符合录用条件（注意时间点）；

（2）根据考核结果，决定是否解除劳动合同；

（3）在决定解除前，告知工会（如果有）；

（4）送达解除通知书；

（5）办理离职手续；

（6）发放最后薪资（这种解除，不需要支付任何经济补偿）。

61. 如何做好试用期的管理和考核？

答：试用期对企业劳动关系的管理有着特别的意义。试用期是招聘工作的延续，是灌输企业文化的必经阶段，也是对一个新人进行先期考核和淘汰的关键时期。在试用期，用人单位可以对新员工的诚信、专业能力、各项素质能力、业绩等进行考核。因此，试用期的管理非常重要，通常需要以下几个核心步骤：

（1）人力资源部与用人部门就如何考核统一意见（HR侧重如何对标当初的录用条件，用人部门侧重业绩）；

（2）员工由人力资源部向用人部门交接；

（3）提醒员工进入试用期，与员工签订试用期考核合同（或目标管理协议书）；

（4）人力资源部和用人部门给员工做试用期谈话回顾（这种谈话分几次），并有考核等级，签字确认，留存作为证据；

（5）用人部门与员工做最后一次考核谈话回顾，签字确认，并有最终考核等级；

（6）试用期届满前用人部门对员工是否转正给出结论，并提前与 HR 商讨确认；

（7）HR 制作相应的通知函（一种是解除通知函，一种是转正函）；

（8）通知员工：不予转正的通知解除劳动合同，转正的以书面形式告知。

很多公司，在试用期快结束时才做考核谈话，这是很不可取的。分几个阶段进行考核并组织谈话是很有必要的，其意义是：

（1）真的帮对方找到问题，并给对方改进的机会；

（2）考核结果不理想，提前告诉对方，对方或许就开始找新工作，用不着你解除合同，对方就走了；

（3）如果对方真的还没有找到工作，那么当你宣布对方不符合录用条件的时候，也会因对方早有心理准备而更容易接受这个事实；

（4）实在不行，则进行协商，此时因为前面的这些铺垫，也更容易协商，经济补偿也仅为半个月工资；

（5）对方如果还不同意，你可以说“离职证明上不说没有通过试用期考核，而是因为业务调整的原因”；

（6）如果只做一次考核，很多时候会因为证据不充分，得不到法官的支持，这会导致无法用“不符合录用条件”为由而解除合同。

62. 能否只签一个试用期合同？

答：《劳动合同法》中只有三种类型的合同：固定期限劳动合同，无固定期限劳动合同，以完成一定工作任务为期限的劳动合同。因此没有“试用期合同”。

如果签订了试用期合同，可能会面临以下法律风险：

（1）试用期不成立，企业失去了用试用期考核员工、淘汰员工的机会；

（2）如果以不符合录用条件而解除合同，则属违法解除，不管员工符合录用条件与否；

（3）非法解除，可能要双倍赔偿或被强制恢复劳动关系；

（4）“试用期合同”期满，再签订一个固定期限劳动合同就属于第二次签订固定期限合同了，一旦到期，则面临签订无固定期限劳动合同的情形。

63. 试用期能否不缴纳社会保险？

答：根据《劳动合同法》的规定，试用期包含在劳动合同期限内。既然试用期属于劳动合同期限的范围，员工就有权享受各项社会保险，即养老保险、失业保险、工伤保险、医疗保险和生育保险等。如果单位没有及时为试用期员工缴纳社会保险，则可以补缴。另外，没有缴纳社会保险是有风险的。试想，此时员工以此为由提出辞职会有什么风险？如果员工发生工伤，企业应承担什么风险？如果被劳动行政部门查到，会有什么风险？

64. 试用期内，员工可以随时走人吗？

答：《劳动合同法》第三十七条　劳动者提前三十日以书面形式通知用人单位，可以解除劳动合同。劳动者在试用期内提前三日通知用人单位，可以解除劳动合同。

由此可见，员工不能随时走人，一般需要提前3天通知用人单位。如果非法强行走人并给单位带来损失，用人单位可以通过法律途径追究员工的赔偿责任。

第5章 劳动合同订立的用工风险

65. 签订劳动合同的时间不同，法律意义也不同吗？

答：不同时间签订劳动合同，就有不同的法律意义和风险。

《劳动合同法》第十条第二款　已建立劳动关系，未同时订立书面劳动合同的，应当自用工之日起一个月内订立书面劳动合同。

在员工入职时或入职后 1 个月内应签订劳动合同。正常签订的话，不会有法律上的处罚风险。

《劳动合同法》第八十二条第一款　用人单位自用工之日起超过一个月不满一年未与劳动者订立书面劳动合同的，应当向劳动者每月支付二倍的工资。

员工入职一个月后才签或还未签订合同，则有支付二倍工资的风险。

《劳动合同法》第十四条第四款　用人单位自用工之日起满一年不与劳动者订立书面劳动合同的，视为用人单位与劳动者已订立无固定期限劳动合同。

过了一年还未签订劳动合同，则除了支付 11 个月的二倍工资外，还要视同已经签订了无固定期限合同。

66. 员工拒绝签订劳动合同，企业应如何处理？

答：未签订书面合同有三种原因：一是双方对合同内容没有异议，只是劳动者不肯与公司签订书面合同，导致合同没有签订；二是双方对合同的内容有争议，导致迟迟没有签订；三是单位没有及时组织员工签订合同。

针对第一种原因，按照下列流程处理：

（1）固定双方对劳动合同内容没有异议的证据；

（2）通知签订劳动合同，并取得员工拒签的证据；

（3）通知终止劳动关系。

针对第二种原因，可以先把有异议的部分空着，等以后商量好了做一个补充协议即可。但要把没有异议的部分落实下来，并签订劳动合同。

针对第三种原因，则可以找个理由（比如公司要审核劳动合同），积极找对方签订。

在实践中，不乏员工故意钻法律的空子，比如找各种借口故意拖延，找人代签，签署后故意偷走损毁劳动合同导致事实上没有书面的劳动合同。作为用人单位，应要求员工在规定的时间内完成签订工作，并且要保留这些证据，即这些证据能证明用人单位在积极寻求员工签订合同，是员工一方的原因导致最终未签订书面合同。在这样的前提下，即使有二倍的劳资纠纷，仲裁时也有更大可能有利于用人单位。

67. 劳动合同能否在员工入职前签订？ 风险如何处理？

答：《劳动合同法》第十条第三款　用人单位与劳动者在用工前订立劳动合同的，劳动关系自用工之日起建立。

因此，劳动合同可以在员工入职前签订，但这样做可能会有法律风险，比如员工推迟入职（生效日期不是入职日期），或压根儿没有来上班。因此，为了防范这些风险，用人单位可以采取如下措施：

（1）约定：未实际用工，则劳动合同不发生法律效力；

（2）未入职或企业拒绝录用，则合同也不发生法律效力；

（3）入职日期与生效日期不一致，以入职日期为准。

68. 能否待入职培训考核合格后，再正式建立劳动关系？

答：用工之日=劳动关系建立，但入职之日不一定等于用工之日，这取决于企业如何操作和界定。

如果入职之日 = 用工之日，那么培训考核后解除合同，则可能有非法解除的法律风险。

那用人单位应如何操作使入职之日≠用工之日，从而使培训考核改变性质，成为选拔流程的一部分？

（1）告知员工招聘的程序，其中程序之一就是培训考核；

（2）告知员工从×年×月×日到×年×月×日，将组织培训考核；

（3）组织实施培训考核，并决定是否录用（发 Offer），并在 Offer 中申明入职之日是×年×月×日；

（4）在入职之日正式办理入职手续，并签订劳动合同，从而建立劳动关系。

69. 应届毕业生，先集团入职培训再分配到子公司，其合同如何处理？

答：如果不签订合同，则有未签订劳动合同的法律风险，毕竟集团是一个法律实体，子公司又是另一个法律实体。但如果新签订劳动合同，则有次数被延续的风险，因为第三次就必须签订无固定期限的劳动合同了。那应如何处理呢？

策略一：与集团公司签订劳动合同，约定试用期，并将入职培训及培训考核作为录用条件之一。同时在劳动合同里约定："甲方（集团公司）录用乙方（应届毕业生）并实际用工，在乙方考核合格后，乙方同意甲方根据培训考核情况以及其专业教育背景等将其分配至甲方的下属子公司，由子公司继承甲方的权利义务，继续履行劳动合同确定的权利义务，子公司可以与乙方就具体的工作岗位职责、工作地点、劳动报酬达成补充性协议。"

策略二：签合同时，同时由集团公司、子公司、员工签订三方协议，集团培训结束后，劳动关系被子公司自动延续。

这里还要约定：员工与集团解除合同的同时，与新单位的劳动关系建立，由新单位继承集团公司尚未履行完毕的劳动合同的权利与义务，若需要变更部分条款，可以一并变更，或另行签订变更协议。

70. 员工入职后超过一个月才签订劳动合同，应如何处理？

答：《劳动合同法》第八十二条第一款　用人单位自用工之日起超过一个月不满一年未与劳动者订立书面劳动合同的，应当向劳动者每月支付二倍的工资。

员工入职后超过一个月才签订劳动合同，单位存在支付二倍工资的法律风险。此时，单位要视具体情况进行处理：

如果员工同意签订，最好让员工签字的落款日期提前至入职一个月之内，同时劳动合同期限从入职之日起算。

如果员工不同意签订呢？此时的方法如下：

（1）通知员工签订劳动合同，并保留通知的证据；

（2）将双方已经实际形成的劳动关系内容填写在劳动合同中；

（3）要求员工签署，若员工拒绝签署，则要取得员工拒绝的证据；

（4）通知员工终止劳动关系。

71. 退休返聘人员入职，是否还签劳动合同？

答：《最高人民法院关于审理劳动争议案件适用法律若干问题的解释（三）》第七条　用人单位与其招用的已经依法享受养老保险待遇或领取退休金的人员发生用工争议，向人民法院提起诉讼的，人民法院应当按劳务关系处理。

因此，用人单位与这些人员的关系是劳务关系，而不是劳动关系，因为这些人主体不适格。用人单位要和这些人员签订劳务合同，主要内容应该包括：

（1）劳务合同的期限；

（2）劳务内容及标准；

（3）劳务报酬及纳税；

（4）福利与休假；

（5）病假等特殊情形下的权利义务处理；

（6）因工受伤的处理；

（7）关于劳务合同的解除及解除的后果。

72. 劳动合同的条款主要有哪些？

答：《劳动合同法》规定用人单位与劳动者建立劳动关系，必须订立书面劳动合同。所以，劳动合同是要式合同，是由一些条款构成的。按照是否受法律的强制性约束，劳动合同的条款可以分为法定条款和约定条款。按照《劳动合同法》的规定，劳动合同的期限、工作内容、工作地点、工作和休息休假、劳动报酬、社会保险、劳动保护、劳动条件和职业危害防护等条款为劳动合同法定条款。

《劳动合同法》与原来的《劳动法》相比，增加或删减了一些内容，如表 5-1 所示。

表 5-1　《劳动合同法》与《劳动法》的条款比较

条款	《劳动法》	《劳动合同法》
必备条款	1. 劳动合同期限	1. 用人单位的名称、住所、法定代表人或者主要负责人
	2. 工作内容	2. 劳动者的姓名、住址、居民身份证或者其他有效身份证件号码
	3. 劳动保护和劳动条件	3. 劳动合同期限
	4. 劳动报酬	4. 工作内容和工作地点
	5. 劳动纪律	5. 工作时间和休息休假
	6. 劳动合同终止的条件	6. 劳动保护、劳动条件和职业危害防护
	7. 违反劳动合同的责任	7. 劳动报酬
		8. 社会保险
		9. 法律、法规规定应当纳入劳动合同的其他事项
可备条款		1. 试用期
		2. 培训
		3. 保守秘密
		4. 补充保险
		5. 福利待遇

73. 劳动合同中，甲方的信息应当有哪些?

答：甲方（用人单位）的基本信息如果简略填写，则存在一定的风险。例如，有些企业把营业执照的企业名称的缩写或简写写到合同上，没有写具体的注册地址、经营办公地址、联系电话、主要负责人。这样的做法有未履行告知义务的法律风险以及被缺席审判的法律风险（如果法院或者仲裁庭找不到你的企业，就会出现缺席审判，则企业没有申诉的机会）。甲方的基本信息，如中文/英文名称（全名称）、法定代表人或主要负责人、注册地、办公经营地、联系电话、邮编，都要如实填写。

74. 劳动合同中，乙方的信息如何填写?

答：乙方（员工）的基本信息不正确填写也有法律风险。比如随便写了一个曾经用过的名字，没有详细的送达地址，没有联系电话，没有紧急联系人，没有身份证号码等信息。缺少这些信息，就不能把自然人从法律上“独立”起来，仅一个名字是不行的。一旦无法认定所填名字就是乙方本人，则可能无法主张相应的劳动权利。

乙方的基本信息应包含：姓名（一定要写身份证上的全名）、性别、出生日期、入职时间、身份证号码、户籍地址、文书送达的有效地址、家庭地址、联系电话、邮政编码、紧急情况联系人及其联系电话和通信地址。

这些信息能赋予下列法律职能：

（1）把身份独立出来，无身份争议；

（2）送达与联系功能；

（3）诚信功能：乙方确认本合同载明的任何信息都是真实有效的，若虚假则视为乙方严重违反了甲方的规章制度；

（4）减少劳动关系管理中的风险，比如工伤报销等不会有耽误。

75. 新招聘人员时，如何确定合适的合同期限？

答：在确定合同期限长短时，一般考虑以下因素：

（1）期限是否影响入职意愿。

（2）人才能力展示需要的时间。

（3）人才对公司的战略价值。

（4）合同长短与试用期长短的关系。

（5）证明候选人真实能力需要的时间长短。

（6）职业倦怠期。

（7）岗位本身客观存在的时间，比如对于一般性、季节性、临时性、用工灵活、职业危害较大的工作岗位，适宜签订较为短期的固定期限劳动合同；对于那些常年性工作，要求保持连续性、稳定性的工作，技术性强的工作，适宜签订较为长期的固定期限劳动合同。

（8）公司对人才的满意程度。

（9）人才在市场的可获得性。具体可参考表 5-2。

表 5-2　不同类型人员选择不同合同期限

种类	适用范围	签订条件	选择策略
固定期限	无具体规定，适用范围广	双方协商一致	流动性强的行业，中小企业；新员工
无固定期限	保密性强、技术复杂、需要保持人员稳定的岗位	协商一致或法定情形出现	大型企业，成长型企业；核心员工，老员工
以完成特定工作为期限	难以确定工作时间的生产经营项目	协商确定	建筑业等特定行业，某些季节性的特定工作任务

76. 劳动合同中的工作内容怎么写？

答：工作内容是劳动关系中的重要组成部分，写得不明确容易有法律风险。很多单位可能只写了岗位名称，而没有任何工作内容，或者写了工作内容，但写得很含糊，无法考核，或者写了一句话：参见 Offer，或参见职位说明书。

殊不知，这些做法隐藏着法律风险。那么如何约定工作内容才能降低法律风险呢？建议合同中的工作内容应包含以下要素：

（1）具体的岗位名称。岗位名称须符合人力资源规划的要求，最好不要简写。

（2）具体的工作内容，比如某实验室技术员的职责：

• 遵循良好的实验室操作规范 GLP，符合中国法规要求，确保实验室环境符合健康安全和生物安全要求。

• 负责实验室耗材和试剂的采购、存储和库存盘点，做好和国内外供应商的沟通，保证耗材的安全库存，做好库存管理，不出现无耗材而影响实验室运行的情况。

• 负责维护实验室设备，百分百落实维护校准计划。

• 百分百按照 SOP 要求，进行动物健康的监控样品的接收、信息注册；对样品的储存、检测以及对留样进行有效管理并记录，做到检测样品的可追溯性。

……

（3）不能胜任工作的具体确定，这可为调岗调薪及解除劳动合同提供依据。

77. 如何协商前置，确保单位依法依规调整岗位？

答：根据《劳动合同法》第三十五条“用人单位与劳动者协商一致，可以变更劳动合同约定的内容。变更劳动合同，应当采用书面形式”，变更需要双方协商，企业无权单方调整。

又根据《劳动合同法》第四十条，企业可以在下列情形下行使单方调整权利：

• 员工医疗期届满后不能从事原工作时，可以为其另行安排工作；

• 员工不能胜任原岗位，可以调整工作岗位。

那么企业能否写一句“甲方可以根据需要调整乙方的工作岗位”？答案是不能。这种没有前提的调整，不符合法律精神，容易被认定是无效的，因为员工事先无法预知企业究竟会有什么业务需要，同时也会被认为企业无限放大自己的权利而免除责任。

那么如何协商前置，才能确保单位可以依法依规调整岗位呢？

（1）提前约定变更的前提条件。

（2）如果在员工入职时，企业无法确定具体的职责，只有一个大概的范围，则企业可放大工作职责并命名一个岗位名称，同时注明在具体某个时期员工负有什么职责，企业可根据需要而定。这样，让员工在特殊时期有侧重地做特定的工作。

78. 劳动合同中如何约定工作地点，才符合法律规定？

答：约定工作地点的常见误区包括：

（1）将工作地点约定为“中国”“江苏”“北方”“东北”“客户单位”“领导交代的目的地”。这些都可能会被法官认定为无效条款，因为太含糊、范围太大。

（2）将工作地点约定为“×市”“×区”“×大街”“×写字楼”“308 室靠窗第二号座位”，虽有效，但太具体、不灵活。

（3）将工作地点约定为“北京”。虽是有效条款，但容易有不同的理解：一是如果实际在市区工作，则不包括郊县区；二是如果实际在郊县区工作，则不包括市区。

约定工作地点的正确做法是：

先约定一个相对固定的城市或地点，比如北京、深圳、上海等。然后考虑工作本身的性质，加上下列这些补充性的约定。

（1）根据工作性质约定。因工作性质导致需要到其他工作地点履行劳动义务，那么这些工作地点也要约定。

（2）因履行区域内工作内容或工作义务导致一个大的区域内工作地点不断变化的，则约定区域内根据工作的需要而可能的任何工作地点。

（3）对于办事处或分公司员工的工作地点可以约定为办事处（分公司）所在地和总部所在地。

（4）对于连锁经营的企业，工作地点可以约定为：在工作内容和待遇不变的情况下，某区域内的经营店都是其工作地点。

79. 能否把劳动报酬约定为按照制度执行或按照不低于最低工资标准执行？

答：劳动报酬条款是劳动合同的关键性条款，是劳动关系的核心内容。不同的约定可能存在不同的风险：

（1）按照“薪酬制度”执行或按照“不低于最低工资标准支付”的约定，可能存在风险，比如企业无法证明员工工资的标准而导致纠纷发生，员工对企业诚意产生怀疑而不利于吸引和稳住员工，尤其是对企业需要留住的高管或其他核心人才，这样含糊的约定容易产生质疑。

（2）如果已经按照“薪酬制度”或“不低于最低工资标准”约定了，企业还能如何改进从而降低风险呢？

①以实际履行的工资结构及工资数额作为双方的约定，并通过书面化进行固定，作为合同的补充协议；

②用其他法律文件将工资结构和数额确定下来：

A. 单项的工资协议；

B. 工资表，并让员工签字；

C. 员工自书证明，写清楚与企业达成的工资水平，放到合同中作为补充协议。

80. 劳动合同中，劳动报酬条款应当包括哪些内容？

答：劳动报酬条款是劳动合同中最为核心的内容，应当做具体全面的约定。

（1）工资结构的约定

①固定工资；

②浮动工资。

（2）固定工资的约定

①基本工资；

②岗位工资；

③各项津贴和补贴。

（3）浮动工资的约定

①奖金的约定；

②绩效工资的约定；

③提成工资的约定。

（4）工资支付的时间与方式

①正常情况下支付的时间；

②非正常情况下支付的时间。

（5）工资的调整

①扣发工资的条件；

②减发工资的条件；

③提升工资的条件。

（6）试用期及病、事假等期间的工资待遇；

（7）特殊情况下职工工资（生活费）支付办法；

（8）加班工资及津贴、补贴标准；

（9）各类假期的工资、奖金发放标准或方法。

另外，不要约定那些不确定、不清楚的工资或奖金，比如约定“年终奖按照相关制度执行”。如果这么一写，年度奖金就会被认为是员工收入必然包含的组成部分，而单位如果不支付，或压根儿就没有所谓的相关制度，则容易引起争议。

81. 约定×月×日之后离职的没有绩效奖金，合法吗？

答：依据《工资支付暂行规定》及《劳动合同法》的相关规定，用人单位有及时足额支付工资的义务。而此处的工资泛指工资性收入，而非特指规章制度中规定的基本工资、岗位工资、全勤奖、业绩奖金、加班工资。奖金属于工资总额项目，故宜认定为工资性收入。

如果用人单位从制度上已经授权员工取得相关奖金，但又不发相应奖金，则应承担必要的举证责任。由此，约定×月×日之后离职的没有绩效奖金，将导致相关仲裁员或法官审视单位关于奖金约定的合理性。

在实践中，奖金可以奖励那些取得业绩的员工，或奖励那些忠诚度高的员工，或奖励那些出勤好的员工，或奖励被认可的特定行为，等等。奖金背后不同的目的，在有争议时承担的举证责任也不同。

82. 劳动合同中，关于奖金如何约定？

答：当奖金有争议时，在司法实践中常见的处理办法是：

（1）如果奖金被写入劳动合同中，是约定的员工收入的组成部分，那么，企业要举证证明已经发放或没有发放的合法理由，否则就承担不利后果。

（2）如果劳动合同中没有关于奖金的约定，由企业自主分配，则按照同工同酬的原则处理。

（3）如果劳动合同中约定奖金按照考核结果发放，则企业要做的是：

①证明绩效考核制度的存在，且有合法性；

②证明该考核制度已经向员工公示；

③证明员工参与了绩效考核的全过程；

④证明奖金的发放是依据奖金制度和考核制度发放的。

（4）如果企业希望自主决定奖金发放的条件，则企业应该证明奖金是劳动合同约定之外的企业自愿支付给员工的额外收入，且奖金发放条件符合法律规定。

那么，在劳动合同中应如何约定奖金呢？常见做法包括：

（1）干脆不予约定；

（2）约定，但排除在劳动合同约定的必然收入之外；

（3）如果奖金分配制度具体明确，则约定按照相关制度执行；

（4）约定奖金的扣发条件。

83. 劳动合同中，关于提成工资如何约定？

答：当提成工资有争议时，司法实践一般是：员工需要证明诉求业务的业绩是自己完成的，然后企业必须举证提成标准（或提成制度），最后企业必须证明提成工资已经支付，如果没有支付则说明合法的理由。

在劳动合同中约定提成工资，一般要注意的事项是：

（1）提成比例；

（2）提成基数；

（3）发放时间；

（4）发放条件；

（5）减少提成比例的约定；

（6）扣发或不发的前提条件。

84. 签订劳动合同时，没有约定工资，怎么处理？

答：《劳动合同法》第十一条　用人单位未在用工的同时订立书面劳动合同，与劳动者约定的劳动报酬不明确的，新招用的劳动者的劳动报酬按照集体合同规定的标准执行；没有集体合同或者集体合同未规定的，实行同工同酬。

因此，如果没有约定或约定不清楚，则只能按照集体合同或同工同酬的原则支付了。

85. 关于工资调整（涨或降）如何约定？

答：有些企业在制度中约定："每年 10 月，公司会根据市场情况、公司情况以及每个人的考核情况，回顾并调整员工个人的工资，涨幅在 2%到 10%之间"。这样的约定有以下风险：

（1）加工资成为公司的一种义务，不加不行；

（2）即使加，至少得加 2%以上；

（3）就算加了，也还要依据考核制度，如果没有考核制度作为支持，即使加了，也容易有纠纷。

因此，建议在涨工资或降工资的约定方面，注意以下事项：

（1）约定涨工资不是一个必然性行动，即使涨工资也需要满足一系列条件，比如根据经营状况、董事会决议、市场状况、个人业绩等因素综合确定。

（2）约定降工资的一般情形：协商一致减薪，或依据约定条件单方减薪，或依据法定条件强制减薪，或建立集体协商机制减薪。集体协商机制减薪的大致流程为：

- 企业把方案提交给工会；
- 工会修改后返给企业；
- 几个回合后达成一致；
- 签订一个关于工资的专项集体合同；
- 经过职工代表大会讨论通过；
- 向当地劳动行政部门备案；
- 15 天内，劳动行政部门无异议的话，则专项集体合同生效。

86. 劳动合同中，关于纪律条款如何约定？

答：纪律条款的约定很重要，是决定岗位调整或能否解除劳动合同的重要法律依据，很多企业因为这方面的制度或约定不清晰而陷入被动。

在劳动合同中约定劳动纪律条款的常见技巧包括：

（1）概括式描述，比如：乙方应当遵守国家的法律及甲方的各项规章制度。

（2）附件式描述，比如：乙方应当遵守甲方已经制定的下列规章制度……，这些规章制度经向乙方公示后，即构成本劳动合同的附件，与劳动合同具有同等的法律效力。

（3）具体的描述，比如：

①一年内累计迟到、早退、脱岗 10 次及以上者；

②连续旷工 3 天及以上者或者一年内累计旷工 5 天及以上者；

③有与同事或客户吵架、打架行为的；

④未在 12 小时内将房源或客户信息录入系统的；

⑤有毁单、切单行为的；

⑥……

87. 约定合同期限内员工不能结婚不能生育，有效吗？

答：根据《劳动合同法》规定，违反法律的规定无效。《劳动法》第十八条也规定，违反法律、行政法规的劳动合同无效。不得结婚不能生育显然违反了《婚姻法》的规定，所以是无效的，对合同双方均没有约束力，企业不能以员工违反这样的约定为由解除劳动合同。

88. 岗位聘用协议的主要内容有哪些？

答：聘用协议作为一个特定时期内特定岗位特定待遇的约定，是很重要的补充协议，如果约定不到位则很容易带来法律风险。一般这个协议包括如下内容：

（1）甲方聘任乙方在×××岗位上工作，担任×××职务。

（2）聘任期限为×年，自××××年××月××日起至××××年××月××日止。

（3）聘任期限届满后，除甲方同意继续在原岗位上聘任乙方外，视作乙方没有工作岗位，需要双方重新协商确定乙方的工作岗位。协商时首先考虑与原聘任岗位同级别岗位上聘任，同级别岗位无空缺时，则考虑在低一级别的岗位上聘任，以此类推。

（4）在协商确定聘任到新岗位期间，甲方应当按照原固定工资的（80%/70%/60%……）支付乙方的工资，乙方应按照甲方的要求，与其他员工一样正常出勤，并从事甲方安排的力所能及的工作，否则视为旷工。若协商期间超过一个月，则按照当地最低工资标准支付乙方的工资。

（5）本协议一式两份，甲、乙双方各执一份，在甲、乙双方签字后生效，两份协议具有同等的法律效力。

（6）本协议条款的修改，经甲、乙双方协商一致方可进行。

本协议是劳动合同的重要组成部分，有同等法律效力。

89. 如何签订以完成一定任务为期限的劳动合同？

答：以完成一定工作任务为期限的劳动合同，是指用人单位与劳动者约定以某项工作的完成为合同期限的劳动合同。因此这意味着：

（1）没有具体的终止时间，但如果约定期限，则可以期满终止；

（2）履行期间也同样可解除，解除条件与其他劳动合同相同，适用的法律也一样；

（3）只要以完成任务为由终止即需支付经济补偿金，除非该员工已经达到了法定退休年龄。

在实践中，常出现的一些表述具有法律风险，容易引起争议，比如："完成2年的销售工作任务""完成企业的销售工作时止""完成大楼建设工作时止""合同期限到××任务完成为止，时间为2016年6月15日"。因此在签订这类合同时，要注意以下事项：

（1）有明确的起始时间，具体到×年×月×日。

（2）不写具体的终止日期，但要写明必然到来的表示工作任务完成的标志性事件，作为终止时间的判断标准。

（3）这个标志性事件也不要笼统写，否则容易有争议。比如，"完成×大楼建设之日"，看上去似乎清晰，但是，不同的人有不同的理解，什么是完成了大楼建设？是安装好水电算完成，还是框架搭起来就算完成，还是全部装修到位算完成，还是开业算完成？

（4）描述本工作任务的性质及主要内容，从而使双方在具体的任务和工作内容上有更清晰的理解。

（5）这类合同不能有试用期。因此不要约定试用期，即使约定了，也无效，属于非法约定试用期。

和其他类型的劳动合同一样，合同的其他必备条款需要放进去，比如工作时间、地点、薪酬、福利、休息休假、社会保险、职业危害、工作防护、职业卫生与防护等，具体参考《劳动合同法》第十七条。

90. 如何约定工作岗位?

答：法律并没有要求劳动合同中一定要写明工作岗位名称。立法的本意是要界定工作内容而不是工作岗位，工作内容是必备条款，工作岗位并非必备条款。

很多企业约定了“管理岗”“生产岗”“工人岗位”“销售岗位”“后勤岗位”“从事甲方安排的岗位”，但没有具体工作内容，这样的约定是有法律风险的，因为工作内容不明确，双方容易引起争议，比如以不胜任为由解除合同时，对方会说“我做的根本就不是你说的工作”。

约定工作岗位的策略：

（1）以实际履行的工作岗位（主要是工作内容）作为劳动合同的补充；

（2）用其他法律文件将工作内容确定下来：①岗位说明书；②绩效考核文件（当然这些应该是双方签字确认的）。

91. 关联企业内部调动员工，调入单位应如何与员工签订劳动合同?

答：关联企业的形成原因可能有管理关联、业务关联、股权关联等，具体表现形式为总公司与分公司、母公司与子公司、控股或参股公司等。

在关联企业间发生员工调动，一种是劳动关系不发生变化，但工作对象、地点、薪酬、职责会发生变化；另一种是劳动关系发生变化。这两种变化下应做出不同的处理：

（1）劳动关系不发生变化的处理办法：签订三方协议，其要点包括：确认主体，明确劳动关系归属，其间的权利义务分摊，退回条件，退回后劳动关系处理等。

（2）劳动关系发生变化的处理办法：

方法一：解除原合同，签订新合同，并继承员工在原单位的工作年限。

方法二：签订三方协议。约定：解除的同时建立新的劳动关系，新单位继承原单位尚未履行完结的劳动合同。

92. 非全日制用工，劳动合同应如何签订?

答：非全日制用工的特点：

（1）工作时间：平均每天不超过 4 小时，每周累计不超过 24 小时；

（2）劳动合同：可以不签订，但建议签订；另外注意，后面建立的劳动关系不能影响前面已经建立的劳动关系的履行；

（3）薪酬及发放：以小时计酬，最多15天必须支付一次；

（4）社保：一般仅缴纳工伤保险，当然各地方规定和实操可能会有不同；

（5）解除：可以无条件随时通知对方终止，无须支付经济补偿；

（6）劳动关系：多个或N个；

（7）以小时计算，不存在加班费。

非全日制用工劳动合同签订的注意事项：

（1）准确地约定工作时间，工作时间要符合非全日制用工的特点；

（2）约定每小时工资支付水平，否则要在员工知晓支付周期的情况下，自愿要求公司按月支付。

93. 非全日制用工与全日制用工，有何异同？

答：两者的不同点是：

（1）工作时间。全日制用工的工作时间，实行每天八小时，每周不超过四十小时。非全日制用工的工作时间，同一用人单位平均每天不超过四小时，每周工作时间不超过二十四小时。非全日制用工在总的二十四小时工作时间内，具体工作安排由用人单位自主决定。可以每天工作八小时，每周工作三天，也可以每天工作四小时，每周工作六天，还可以是其他的工作方式，其体现了灵活就业的特点。

（2）加班。对于全日制用工，每天超过八小时的部分，依约定和规定可能视为加班，对于加班工资或调休该如何处理，《劳动合同法》有明确规定。对于非全日制用工，《劳动合同法》中没有明确规定加班事宜，但从目前的一些地方性规定或司法实践来看，每周总的工作时间超过二十四小时，则可能会被视为全日制用工。

（3）签订劳动合同。对于全日制用工，按照《劳动合同法》的规定，用人单位与劳动者应当订立书面劳动合同，如果没有订立，将受到法律的惩罚，比如有支付二倍工资的风险。非全日制用工可以订立口头协议，也可以签订正式的劳动合同。

（4）试用期。全日制用工可以依法约定试用期，非全日制用工不能约定试用期。

（5）合同终止。全日制用工，要符合法定条件才能解除劳动合同或终止合同，而非全日制用工，任何一方都可以随时终止。

（6）经济补偿。全日制用工，劳动合同终止或解除的，除一些特别情况外，用人单位须向劳动者支付经济补偿金。非全日制用工的劳动关系可以随时终止且无须支付经济补偿金。

（7）社保缴纳。全日制用工需要及时足额缴纳社保，但非全日制用工一般只缴纳工伤保险。

（8）报酬计算周期。全日制用工一般按照每月工资水平计酬，非全日制用工以小时计酬。

（9）结算支付周期。全日制用工应当每月至少支付一次工资，非全日制用工最长不超过十五日要进行结算。

两者的相同点是：

（1）都是属于劳动关系，都受《劳动法》《劳动合同法》等相关法律的约束。

（2）都享有国家规定的有关劳动条件、劳动安全、劳动保护、职业危害防护、休息休假等权益。

94. “小时工”可以与其他单位建立全日制用工关系吗？

答：日常生活中，我们通常将非全日制用工称为“小时工”。根据《劳动合同法》第六十九条的规定，作为“小时工”的劳动者，可以与一个以上的用人单位同时建立劳动关系，订立劳动合同。这里，与其他单位建立的劳动关系是全日制用工的劳动关系还是非全日制用工的劳动关系，法律并未做出规定。

一般来讲，如果劳动者与用人单位建立了全日制用工的劳动关系，考虑到时间上的要求，其只能在全日制工作之余，比如下班之后，才能与其他用人单位建立非全日制用工关系，这实际上就是全日制劳动者在其他单位的兼职。因此，一旦与某单位建立全日制用工关系，那么劳动者到其他单位做“小时工”，应以不影响全日制用工的工作为前提。

95. 企业高管的劳动合同签订，应重点注意哪些内容？

答：企业高管的劳动关系一般都有以下特点：

（1）市场相对稀缺的人才，招聘难度大，成本高，周期长；

（2）建立劳动关系后产生效益相对缓慢；

（3）影响高管劳动关系和谐的因素较多，如企业文化、人际关系、市场平台、产品定位、与上级合作默契程度、企业平台和内部开展工作的软环境等；

（4）高管一般都有很强的法律意识，解除劳动关系的难度大，成本高，证据不好搜集。如果处理不好，对企业的影响很大（或带走一批人，或带走商业秘密，或带走客户，或直接变成企业的竞争对手）。

在与高管签订劳动合同时，一般在期限、报酬、休假和福利等方面要特别注意：

（1）劳动合同期限

①劳动合同期限为三年或三年以上，试用期可以约定为六个月；

②如果合同是短期的，则要说明具体原因，并表明企业长期使用的意图，这样才能更好地吸引高管。

（2）劳动报酬

①约定总的薪酬包，然后分解为固定和变动两部分，变动部分应该与绩效挂钩；

②不要一步到位，否则起不到激励作用。

（3）休假与福利

①休假的约定，主要涉及假期谁来批准，假期长短以及未休假补偿的特殊约定；

②福利的约定，涉及租房、通讯、交通、餐费、住宿、礼品券、招待费等补贴的特殊约定；另外，奖励性的福利尽量不要货币化，因为会涉及工资收入和税收等问题。

96. 合同期限约定 1 年零 1 天，有何法律风险？

答：在实践中，经常看到企业把合同期限约定为 1 年零 1 天。这是什么原因呢？

（1）害怕不能约定 2 个月的试用期，因此为了保险，多加 1 天；

（2）以为今年的 6 月 1 日到次年的 6 月 1 日才是 1 年（举例）；

（3）偷懒，就写 6 月 1 日到次年的 6 月 1 日，何必那么麻烦写成 6 月 1 日到次年的 5 月 31 日（举例）。

那么约定 1 年零 1 天有什么法律风险吗？其实这样做，并不违反法律规定，但这种做法多余，因为即使只有 1 年期限的合同，也可以有 2 个月的试用期。另外，如果约定 1 年零 1 天，则在终止劳动合同时，要多付半个月的经济补偿金。

97. 以完成一定工作任务为期限的劳动合同，能否约定试用期？还能解除吗？

答：《劳动合同法》第十九条第三款　以完成一定工作任务为期限的劳动合同或者劳动合同期限不满三个月的，不得约定试用期。

按照以上规定，不能约定试用期。

另外，这种劳动合同与其他劳动合同，适用的法律是一样的，其解除条件仍然是法律规定的这些情形，比如：

（1）医疗期届满，不能从事原工作，也不能从事另行安排的工作；

（2）不能胜任岗位，调岗或培训后，仍然不能胜任岗位；

（3）客观情况发生重大变化；

（4）严重违纪；

（5）主体灭失；

（6）裁员；

（7）辞职。

98. 劳动合同与民事合同有何差异？

答：二者都是合同，但有很大的区别。

（1）合同双方主体不同。劳动合同的当事人一方必须是用人单位，另一方必须是劳动者；民事合同则没有这样严格的要求，双方当事人没有限制，可以是自然人、法人或者其他组织团体等。

（2）双方隶属关系不同。劳动合同中的劳动者和用人单位之间有管理上的隶属管理关系，劳动者的劳动过程受用人单位的管理；民事合同的两个主体是平等的关系，没有隶属管理的关系。

（3）合同的内容不同。劳动合同中约定的内容受到《劳动合同法》的约束，有必备条款；民事合同，只要双方平等自愿且约定的内容不违法，则可以非常广泛，不受太多约束。

（4）适用的法律不同。劳动合同受《劳动合同法》的约束和管理；民事合同受《民法通则》《合同法》等的约束和管理。

第6章 劳动合同变更的用工风险

99. 一般在什么情况下，企业会找员工协商变更合同？

答：思考这个问题是很有必要的，因为很多需要提前协商的情形如果没有及时跟进，而到出现该情形后再与员工协商，就变得很难协商而陷于被动局面了。

在实践中，出现下面的情形时往往需要与员工协商：

（1）所在行业的法律法规或行业规则发生重大变化；

（2）组织框架结构发生调整；

（3）经营业务范围发生变化；

（4）经营业绩发生巨大变化；

（5）企业发生兼并、分立或整顿、合并等；

（6）发展战略有重大调整；

（7）企业迁移或搬迁；

（8）业务出售。

100. 合并和分立后，劳动合同如何变更？

答：例如，A+B=C，或者 A+B=B，此时 A 被合并了，A 不存在了。此处 A 是原用人单位。根据《劳动合同法》第三十四条，合并后的法人或者其他组织作为一个新的用人单位承继了原用人单位所有的权利和义务，包括原用人单位对其劳动者的权利和义务，原劳动合同继续有效，由合并后的新的用人单位继续履行该劳动合同。

例如，A=A+B+C，A 仍然存在，但 B、C 是被分出去的独立新组织。或者，A=B+C+D+E，此时 A 不存在了，演变成了更多的新的独立组织。根据《劳动合同法》第三十四条，用人单位分立后，劳动合同由承继其权利和义务的用人单位继续履行。

101. 如何固定协商变更的结果？

答：很多企业与员工原本协商得好好的，但事后员工反悔，又不承认了，此时双方都没有证据从而导致纠纷。因此，固定协商变更的结果，就是要防止员工反悔，预防争议。那么应如何固定变更的结果呢？

（1）协商前拟定协议书，只要谈判一致，当场签订，白纸黑字定下来；

（2）关注主要变更内容可能引起的其他内容的变更，如工作岗位的变更可能会引起薪酬及工作地点的变更。

102. 变更劳动合同的协议书，如何书写？

答：一份完整的变更协议一般包括以下主要内容：

（1）协议名称：变更劳动合同协议书；

（2）甲方：名称（一定要写全称，且是营业执照上的）；

（3）乙方：姓名、身份证号码（一定要与身份证上的信息一致）；

（4）主体内容

经甲乙双方协商一致，就××××年××月××日签订的劳动合同相关内容变更如下：

1. 乙方的工作岗位由××××变更为××××，变更后的工作内容及职责如下：

（1）……；

（2）……；

（3）……。

2. 乙方的劳动报酬变更为××；

3. 乙方的工作地点变更为××；

4. 其他未变更事项，按照原劳动合同继续履行；

5. 本协议一式两份，双方各执一份，与原劳动合同具有同等效力；

6. 协议自甲方盖章、乙方签字后生效。

103. 单方面变更岗位的通知函，如何书写？

答：单方面变更岗位的通知函，一般包括以下内容：

（1）变更的法律依据，或合同及约定依据；

（2）变更的事实依据；

（3）变更的结果；

（4）明确回复的方式和期限；

（5）不去新岗位报到履职的法律后果，比如按旷工处理。

104. 如何通过会议纪要形式固定合同的变更？

答：在实践中，很多人事决策往往在高层的会议中讨论并形成决议，而这个决议很可能会涉及在场参会人员的一些权益变更，比如工作内容、地点、薪酬、休息年假、福利等。这些变更是会议现场经大家讨论并表态通过的，这就需要固定证据以防生变或事后不认账。那么会议纪要如何撰写，才能达到固定这些变更的目的呢？会议纪要一般包括以下主要内容：

（1）参会人讨论的主题。

（2）形成的具体要变更的决议内容。

（3）明确以会议纪要的形式替代劳动合同变更协议，这样就不需要另外单独签订变更协议书。

（4）在会议纪要的底部写一句："以上是本次会议的具体决议，确定了各相关人员的权利义务的变更，如果与会人知晓并同意这些决议，请签字确认"。

（5）必须书面打印并签字。

（6）让参会人员都当面签字，这样做的目的是让当事人知晓，并且同意会议决议的内容。同时，大家也都相互见证，不能事后不认账。

（7）签字后的会议纪要原件要保存好。

（8）会议的全过程可以使用录音或录像设备，确保大家的意见和最后的表态被记录。

105. 如何固定变更的口头协议？

答：在我们的日常管理中，很多协议其实都是口头协议。口头协议最大的问题是任意一方可能事后反悔，除非双方都认可或有其他替代口头协议的证据。那么如何固定口头协议的内容呢？

在实践中，HR 部门可以录音，但要注意：内容要有全面性，要包括 5 个 W 和 1 个 H（何因，Why；何事，What；何地，Where；何时，When；何人，Who；何法，How）的主要内容；录音必须完整，能够反映录音内容的逻辑关系；声音必须保留在最初的录音设备上，以防对方不认账。

另外，如果当时没有录音，则可采取事后确认的方式，比如通过书面资料确认，或再次提起此事，并录音保存。

106. 如何以事实履行固定合同的变更？

答：根据《最高人民法院关于审理劳动争议案件适用法律若干问题的解释（四）》："变更劳动合同未采用书面形式，但已经实际履行了口头变更的劳动合同超过一个月，且变更后的劳动合同内容不违反法律、行政法规、国家政策以及公序良俗，当事人以未采用书面形式为由主张劳动合同变更无效的，人民法院不予支持"，以事实履行的方式固定劳动合同变更的前提条件可以概括为：

（1）双方已经按照变更后的条件实际履行；

（2）企业保留了按照变更后条件履行的证据，比如新岗位、新工资、新工作地点、新业绩协议、新工作内容等；

（3）变更后的内容不违反国家法律法规和政策；

（4）变更后的内容不违反社会公德和公序良俗。

第7章

劳动合同续签的用工风险

107. 什么样的续签流程能降低风险?

答：在实践中，续签合同时出现的风险包括：

（1）用人部门迟迟不做出续签与否的决定，导致耽误了及时续签；

（2）因为各种原因，没有在到期之前续签合同，导致支付二倍工资；

（3）不能终止应该续签的合同，在用人部门的压力下，强行终止，导致诉讼。

基于实际工作需要，建议的续签流程如下：

（1）人事部制定合同续签的基本指导意见与政策。

（2）人事部搜集合同即将到期人员的基本信息，比如过往业绩、合同次数、工作表现、违纪记录、换岗记录等，用作续签时的参考依据。

（3）人力资源部提前××天以书面形式把公司的指导意见以及员工的基本信息，汇总发给相关直线经理，并寻求相关经理续签的意向；要求用工部门或相关经理于7日之内做出决定；如果做出的决定不明确或延迟做出决定，导致企业需要承担额外的成本，责任由决策者承担。

（4）就某个具体的案例，HR与用人部门经理具体协商，寻求解决办法。

（5）HR发出具体的续签意向通知，通知员工在最后一周签订合同。

108. 续签劳动合同的通知书如何书写？

答：续签劳动合同的通知书有以下要点：

（1）原合同到期的日期；

（2）公司有续签意向；

（3）续签的期限；

（4）续签的合同条件；

（5）如果未能在期限内回复，则视为拒绝续签；

（6）如果同意续签，则请在某具体日期前找××签订，以及不来签订的法律责任。

示例：

×××（身份证号码：　　　　　　　）：

你与公司签订的劳动合同将于××××年××月××日期满，期满后公司同意与你续签劳动合同，续签期限为×年，续签条件与原劳动合同一致，请你在××××年××月××日之前以书面形式答复公司是否同意续签。如果逾期未答复，则视为你不同意续签。如果你同意续签，续签手续在到期当日办理，如果因你的行为导致未续签的，视为本合同已经按照续签通知书确定的期限进行了续延（或者也可以改为：如果你不能在约定日期前来续签，则视为你同意续签，但拒绝签订书面劳动合同）。

109. 员工在很远的外地，如何组织续签合同？

答：很多公司的员工分散在全国各地，在外地不容易组织续签，这里可能存在一些风险，比如：

（1）可能被代签的风险；

（2）未及时续签，导致没有合同期间的双倍工资；

（3）签订的合同，在某个环节丢失了；

（4）合同被直线经理擅自修改了。

那么在这种情形下，如何简化手续？

（1）在合同中设置自动续延条款的约定：本劳动合同期满后，若任何一方未向对方发出终止劳动合同通知书的，则视为本劳动合同自动续延×年。

（2）把这些规定告知各直线经理，并告知如果不能及时决定终止劳动合同，则自动续签。

（3）HR 仍然按照正常的流程发邮件给各经理，确认是否续签，并告知未在规定时间内做出决策，拖延的后果就是自动续签。

（4）如果需要签字（比如有变更条款），在通知邮件中要特别强调员工自己签字的重要性。

（5）如有必要，在一个地区或一个片区找某个人来兼职负责此项续签工作。此人作为接口人，接受 HR 的专业培训。

110. 医疗期、三期等情况下，应当如何续签劳动合同？

答：《劳动合同法》第四十五条　劳动合同期满，有本法第四十二条规定情形之一的，劳动合同应当续延至相应的情形消失时终止。但是，本法第四十二条第二项规定丧失或者部分丧失劳动能力劳动者的劳动合同的终止，按照国家有关工伤保险的规定执行。

在实践中，常见的有风险的做法是：

（1）基于相关法律，计算出医疗期或三期届满的时间，并又签订一个固定期限的劳动合同。这种做法是有风险的，因为可能算不准届满的具体日期，也可能从次数的角度看又多签订了一个固定期限合同。

（2）干脆不做任何处理，造成事实上的延续。这种做法没有明显的法律风险。不过什么都不做，员工也稀里糊涂的，突然终止时员工没有心理准备，容易发生争执。

因此建议的做法是根据《劳动合同法》第四十五条，单方面直接通知对方即可，通知函可以这样写：

×××（身份证号码　　　　　　　　　　）：

你与公司签订的劳动合同将于××××年××月××日期满终止，但鉴于你目前处在医疗期（或三期）内，依照相关法律规定，你与公司签订的劳动合同将自动续延至应当续延的法定事由消灭时止。

特此通知。

公司（盖章）：

××××年××月××日

111. 何时要签订无固定期限劳动合同？ 有办法不签订吗？

答：《劳动合同法》第十四条第二款　用人单位与劳动者协商一致，可以订立无固定期限劳动合同。有下列情形之一，劳动者提出或者同意续订、订立劳动合同的，除劳动者提出订立固定期限劳动合同外，应当订立无固定期限劳动合同：（一）劳动者在该用人单位连续工作满十年的；（二）用人单位初次实行劳动合同制度或者国有企业改制重新订立劳动合同时，劳动者在该用人单位连续工作满十年且距法定退休年龄不足十年的；（三）连续订立二次固定期限劳动合同，且劳动者没有本法第三十九条和第四十条第一项、第二项规定的情形，续订劳动合同的。

如果企业不想与员工签订无固定期限合同，那应怎么做呢？

（1）与员工协商，员工同意出具自愿签订固定期限合同的申请书。

（2）同意签订一个无固定期限的合同，但岗位和待遇，按照岗位聘任协议另行约定。这样合同是无期的，但具体岗位与待遇可以协商改变，是有期限的。

（3）降低条件，让对方重新思考是否愿意续签合同。当然，这时如果员工放弃续签，企业需要支付经济补偿。

112. 如何用岗位聘任协议把企业从无固定期限合同中解脱出来？

答：只要符合《劳动合同法》的相关规定，很多时候企业只能与员工签订无固定期限合同。但具体到某个时期内具体担任什么岗位，《劳动合同法》并没有那么细的约束或限制，因此企业可以和劳动者签订岗位聘任协议。协议的主要内容如下：

（1）拟聘任的岗位、工作内容以及体现是否胜任的主要业绩与能力要求；

（2）聘任的起始和结束时间；

（3）聘任期间如何考核，以及在什么条件下视为不胜任等的约定；

（4）聘任协议期满，双方关于重新聘任等具体事宜的约定；

（5）期满后，如果不能马上聘任，双方仍在协商期间的待遇的具体约定；

（6）聘任到新岗位的基本思路和思考原则。

示例：

经甲乙双方协商一致，就甲方聘任乙方的岗位、聘任期限及其他事项达成如下协议：

（1）甲方聘任乙方在×××岗位上工作，主要的工作内容为：×××××。

（2）判断乙方是否胜任该岗位的主要依据为：业绩考核（参见考核协议），能力考核：专业能力、管理能力与素质考核。每个季度考核一次，如果业绩考核或任一能力考核的考核等级在E等级或以下，则表示不胜任该工作岗位。一旦出现不胜任的情形，本协议自动中止，双方重新协商新的岗位。

（3）聘任期限为×年，自××××年××月××日起至××××年××月××日止。

（4）在本协议中途中止后或聘任期限届满后，除甲方同意继续在原岗位上聘任乙方外，视作乙方暂时没有工作岗位，需双方重新协商确定乙方的新工作岗位。

（5）在重新协商的待岗期间，甲方应当按照原固定工资的××%支付乙方的工资，若协商期间超过×个月，则按照原固定工资的××%支付乙方的工资。

（6）协商时首先考虑在与原聘任岗位同级别的岗位上聘任，同级别岗位无空缺时，则考虑在低一级别的岗位上聘任，以此类推。

（7）基于薪随岗变的原则，一旦协商确定了新的岗位，双方仍然要协商对应于新岗位的乙方的薪酬水平。

（8）本协议条款的修改经甲、乙双方协商一致方可进行。

（9）本协议一式两份，经甲、乙双方签字盖章后生效，双方各执一份，具有同等的法律效力。

113. 企业能刻意断开两个月或变换法律主体而避开“连续签订两个固定期限合同”吗?

答：在实践中，一些企业就“连续签订两个固定期限合同”做各种文章，比如中间间隔特定时间（如 2 个月），或者中间变换主体（中间夹杂子公司之间的变换），企图回避无固定期限合同的签订。当前这种人为“间隔”或人为非“连续”的情况，仍有可能被仲裁机构或法院朝着有利于劳动者的一边而判定为“连续”，并导致无固定期限合同的签订。当然，如果企业的确是因为客观情形所致的不得已，能证明自己没有主观规避的嫌疑，那么仲裁庭和法院在做出裁决时会考虑到企业的客观情况。

114. 以完成一定工作任务为期限的劳动合同如何续签?

答：《劳动合同法实施条例》第二十二条　以完成一定工作任务为期限的劳动合同因任务完成而终止的，用人单位应当依照《劳动合同法》第四十七条的规定向劳动者支付经济补偿。

因此，这类合同一旦期满即要进行经济补偿，即结清上一段劳动关系。

那么这类合同该如何续签？其实不存在续签的问题，因为每一段合同终止时都要结清上一段劳动关系，相当于用经济补偿买断了上一段的工龄。重新签订一份劳动合同，就开始了下一个劳动关系。这份新合同可以是以完成工作任务为期限的合同，也可以是固定期限或无固定期限的合同。

115. 员工在集团内不同法人主体之间的转移次数，算续签次数吗?

答：员工在集团内关联公司之间的工作调动，尤其是在不同的独立法人实体之间的调动，必然造成劳动合同的重新签订，那么这种签订次数是否算作需签订无固定期限劳动合同的次数？现行法律法规对此并无明确规定。

实践中，有些公司在劳动合同到期时用不同关联公司转签的方式来规避无固定期限劳动合同的签订义务。也有的公司，通过变更劳动合同期限的方式来规避次数的问题，因为他们的理解是变更合同期限的次数不算作劳动合同续签的次数。

对于这些变通的操作手法，在司法实践中，有的劳动仲裁机构或法院认定这种行为属故意规避法律，故意通过此举逃避企业应该承担的义务，因此判定这种签订次数一并被继承，并要求用人单位签订无固定期限合同，这种判决对公司不利。

当然也有的判决对公司有利，即认为这种次数不连续。例如，公司确因业务发展需要与员工变更了劳动合同主体，且转移到新法律实体后签订的劳动合同期限与原劳动合同期限相同，故从司法角度看，企业的确因为客观的原因需要转移，这种情形能减少故意回避法律义务的嫌疑，可能会认定这种转签的次数不计入连续两次的次数。

第8章

劳动合同解除/终止的用工风险

116. 企业可以哪些理由解除劳动合同?

答:《劳动合同法实施条例》第十九条　有下列情形之一的,依照劳动合同法规定的条件、程序,用人单位可以与劳动者解除固定期限劳动合同、无固定期限劳动合同或者以完成一定工作任务为期限的劳动合同:

(一)用人单位与劳动者协商一致的;

(二)劳动者在试用期间被证明不符合录用条件的;

(三)劳动者严重违反用人单位的规章制度的;

(四)劳动者严重失职,营私舞弊,给用人单位造成重大损害的;

(五)劳动者同时与其他用人单位建立劳动关系,对完成本单位的工作任务造成严重影响,或者经用人单位提出,拒不改正的;

(六)劳动者以欺诈、胁迫的手段或者乘人之危,使用人单位在违背真实意思的情况下订立或者变更劳动合同的;

(七)劳动者被依法追究刑事责任的;

(八)劳动者患病或者非因工负伤,在规定的医疗期满后不能从事原工作,也不能从事由用人单位另行安排的工作的;

(九)劳动者不能胜任工作,经过培训或者调整工作岗位,仍不能胜任工作的;

(十)劳动合同订立时所依据的客观情况发生重大变化,致使劳动合同无法履行,经用人单位与劳动者协商,未能就变更劳动合同内容达成协议的;

（十一）用人单位依照企业破产法规定进行重整的；

（十二）用人单位生产经营发生严重困难的；

（十三）企业转产、重大技术革新或者经营方式调整，经变更劳动合同后，仍需裁减人员的；

（十四）其他因劳动合同订立时所依据的客观经济情况发生重大变化，致使劳动合同无法履行的。

因此，从企业的角度看，可以从以上十四个方面来寻找解除劳动合同的理由。除此之外，没有其他的途径能解除劳动合同。

117. 劳动合同有哪些终结方式？

答：终结劳动关系的法律方式有以下两种：

（1）解除：解除劳动合同是指在劳动合同期满之前，因发生法定事由或双方协商一致，使劳动关系归于消灭的行为。具体方式如下：

①双方协商解除：单位提出协商解除或员工提出协商解除；

②员工单方解除：辞职（《劳动合同法》第三十七条、三十八条）；

③单位单方解除：过错性解除（《劳动合同法》第三十九条）、非过错性解除（《劳动合同法》第四十条）、经济性裁员（《劳动合同法》第四十一条）。

（2）终止：终止劳动合同是指劳动合同期满之时或任一方主体资格丧失而使劳动合同归于消灭的行为。具体方式如下：

①劳动合同期届满；

②劳动者一方的主体资格丧失：依法享受养老待遇、死亡、被宣告死亡、被宣告失踪；

③单位一方的主体资格丧失：被依法宣告破产、吊销营业执照、被责令关闭、被撤销、用人单位决定提前解散。

118. 协商解除合同的类型及其法律后果是什么？

答：协商解除是双方当事人在平等自愿的基础上，通过协商的方式解除双方劳动合同或解除劳动关系的行为，包括两种类型：一种是由用人单位提出的，另一种是由劳动者提出的。

协商解除的分类背后有特定的法律意义，具体如下：

（1）是否有支付经济补偿金的义务。如果是用人单位提出的，则应当支付经济补偿金；如果是劳动者提出的，则可以不支付经济补偿金。

（2）是否可以享受失业保险金。如果是用人单位提出的，则员工能够享受失业保险，因为这是一种被动失业；如果是劳动者提出的，则不可以享受，因为这是一种主动失业。如果员工是提出方，但又要领失业保险，如何写《解除劳动合同协议书》？这种情况下，在《解除劳动合同协议书》中，仍然写解除的动议是由用人单位提出的，但员工同意放弃经济补偿金。

明明是其他原因，能写成协商解除吗？很多时候是企业单方解除，比如裁员，但因为法律程序烦琐，干脆写成协商解除。因为此种情况下，员工只要拿到法律要求的补偿，也并不在乎你写什么原因。

119. 事先约定“连续三个月销售业绩不达标，企业可解除劳动合同”，有效吗？

答：《劳动合同法》对什么情形下企业能够单方解除合同，有具体的明文规定。除此之外的任何约定，都属无效约定，不能得到法律的支持，即使经过员工签署亦属无效。公司如按此约定直接进行解除的，极有可能构成违法解除，员工有权要求恢复劳动关系或主张双倍经济补偿金。

120. 用人单位单方解除合同的类型与法律后果是什么？

答：类型一：过失性（过错性）解除。参照《劳动合同法》第三十九条，劳动者有下列情形之一的，用人单位可以解除劳动合同：

（1）在试用期间被证明不符合录用条件的；

（2）严重违反用人单位的规章制度的；

（3）严重失职，营私舞弊，给用人单位造成重大损害的；

（4）劳动者同时与其他用人单位建立劳动关系，对完成本单位的工作任务造成严重影响，或者经用人单位提出，拒不改正的；

（5）因本法第二十六条第一款第一项规定的情形致使劳动合同无效的；

（6）被依法追究刑事责任的。

这类解除的法律后果是：①无须提前通知；②无经济补偿金；③可领失业金。

类型二：非过失性（非过错性）解除。参照《劳动合同法》第四十条，有下列情形之一的，用人单位提前三十日以书面形式通知劳动者本人或者额外支付劳动者一个月工资后，可以解除劳动合同：

（1）劳动者患病或者非因工负伤，在规定的医疗期满后不能从事原工作，也不能从事由用人单位另行安排的工作的；

（2）劳动者不能胜任工作，经过培训或者调整工作岗位，仍不能胜任工作的；

（3）劳动合同订立时所依据的客观情况发生重大变化，致使劳动合同无法履行，经用人单位与劳动者协商，未能就变更劳动合同内容达成协议的。

这类解除的法律后果是：①须提前通知或支付代通知金；②有经济补偿金；③可领失业金。

类型三：经济性裁员。参照《劳动合同法》第四十一条，有下列情形之一，需要裁减人员二十人以上或者裁减不足二十人但占企业职工总数百分之十以上的，用人单位提前三十日向工会或者全体职工说明情况，听取工会或者职工的意见后，裁减人员方案经向劳动行政部门报告，可以裁减人员：

（1）依照企业破产法规定进行重整的；

（2）生产经营发生严重困难的；

（3）企业转产、重大技术革新或者经营方式调整，经变更劳动合同后，仍需裁减人员的；

（4）其他因劳动合同订立时所依据的客观经济情况发生重大变化，致使劳动合同无法履行的。

这类解除的法律后果是：①须提前通知，否则违法；②有经济补偿金；③可领失业金。

121. 单位运营模式改变，生产加工全外包，可以单方解除合同吗？

答：如果人数少，达不到裁员的人数要求，则参照《劳动合同法》第四十条，有下列情形之一的，用人单位提前三十日以书面形式通知劳动者本人或者额外支付劳动者一个月工资后，可以解除劳动合同：劳动合同订立时所依据的客观情况发生重大变化，致使劳动合同无法履行，经用人单位与劳动者协商，未能就变更劳动合同内容达成协议的。

以此条款为依据解除劳动合同，用人单位要注意收集相关的证据，证明这是业务变化，是客观原因的影响，并非公司的主观决策，关联证据包括相关业务锐减的财务审计报告、董事会决议、职代会决议或工会决议等。同时要证明，有关员工的岗位的确与被裁减业务相关，且经与员工协商，员工一方不愿意变更劳动合同。此时企业才可以单方解除合同。

如果人数达到经济性裁员的条件，则按照《劳动合同法》第四十一条进行经济性裁员。但需注意，要严格参照经济性裁员程序进行处理，而不是简单的单方解除。

122. 员工不辞而别（或突然消失）如何处理？

答：在很多劳动密集型企业中，这是很常见的一种情形，如果处理不当，则有潜在的法律风险。在企业实践中，常见的错误做法是：

（1）按自动离职处理，或除名处理，或开除处理。这种处理有风险，因为《劳动合同法》中并没有这样的终结合同的类型。企业以为这样做就解除了劳动关系，而实际上劳动关系并没有真正解除。另外，员工并不知道这个处理结果，可能过段时间又回来上班了。

（2）按旷工处理。这种处理的风险在于如果员工因为客观原因不能上班，而企业简单地按旷工处理，则在法律上得不到认可，企业可能面临非法解除劳动关系或强制恢复劳动关系的风险。

（3）不采取任何动作，悄悄停缴社保。这种做法也有风险，因为没有做任何解除劳动合同的动作并通知员工，所以在法律上劳动关系一直在存续期间。此种情况下不能停缴社保，因为员工还可以随时回来上班。

那么应如何处理这类不辞而别的行为呢？

（1）企业应该有考勤管理制度，做考勤记录；

（2）基于无事先请假获得批准而缺勤，发一个通知函给员工，通知其持证据前来解释可以不经批准而缺勤的客观原因；

（3）如果过了时限，员工仍然没有前来解释，或没有证据，或证据无效，则按照企业内部相关违纪管理条例，做出单方解除合同的决定；

（4）走完审批程序，比如告知工会，并得到工会的同意；

（5）正式解除合同，并通过适当的手段送达员工，要求其前来办理离职交接和最后的薪资确认与签收手续。

123. 劳动合同期满的终止类型与法律后果是什么？

答：这种类型是指，劳动合同期限届满，双方未续延劳动合同而使劳动合同归于消灭的行为。常见的类型有三种：

（1）劳动合同期满，用人单位决定不予续签劳动合同；

（2）劳动合同期满，劳动者决定不予续签劳动合同；

（3）劳动合同期满，用人单位同意续签劳动合同但降低了续签的条件，劳动者拒绝续签劳动合同。

第1类的法律后果是：①用人单位应当支付经济补偿金；②用人单位的终止权可能被限制，比如三期、医疗期、职业病、工伤、“15+5”等情形下企业不能单方终止；或者符合签订无固定期限劳动合同的情形出现时，企业也不能单方终止。

第2类的法律后果是：①用人单位可以不支付经济补偿金；②终止是员工的自由选择，没有法律限制。

第3类的法律后果是：①用人单位应当支付经济补偿金；②用人单位的终止权可能被限制，或者劳动者不同意终止。

另外要注意，新的《劳动合同法》生效日期是 2008 年 1 月 1 日，因此只补偿在此日期之后的工作时间即可。

124. 任何一方主体资格丧失的类型与后果是什么？

答：劳动者一方丧失主体资格，比如死亡，或被宣告死亡，或被宣告失踪，或者年龄不在 16 周岁至法定退休年龄之间。法律后果是：

（1）用人单位无须支付经济补偿金；

（2）办理退休并享受养老金待遇或非因工死亡的待遇（丧葬、抚恤金）；

（3）无失业保险金；

（4）合同终止。

用人单位一方丧失主体资格，比如人民法院裁定破产日，或被吊销营业执照，或被决定撤销或被解散。法律后果是：

（1）用人单位支付经济补偿金；

（2）劳动者有失业保险金；

（3）合同终止。

125. 企业能否用末位淘汰的方法解除合同？

答：在实践中，我们常常看到一些企业出台以下某条规定：

（1）排在最后一名的，立即解除合同；

（2）排在最后一名的，企业单方调岗；

（3）排在最后一名的，自动降工资一级，奖金扣减；

（4）排在最后一名的，停止工作，组织学习，学习期间停发工资；

（5）排在最后一名的，留厂察看。

企业认为，员工业绩不好，进行末位淘汰是天经地义的事。殊不知，这是企业错误的观点，因为《劳动合同法》没有任何一个条款赋予企业末位淘汰的权力。《劳动合同法》第四十条第二项规定：劳动者不能胜任工作，经过培训或者调整工作岗位，仍不能胜任工作的，企业方可解除劳动合同，此处，不能胜任工作不等于末位。

当然，企业的确要制定一种优胜劣汰的管理制度，如何让末位与不能胜任工作关联起来，从而实现企业可以在不违反法律法规的前提下达到优胜劣汰的目的呢？以下是一些建议：

（1）可在制度中定义：连续三个月的业绩排名都是所在地区倒数第一，即末位，则属于不胜任工作。

（2）或连续三个月的业绩排名都在所在地区倒数三名内，则属于不胜任工作。

（3）或连续三次专业知识考试得分都在倒数三名内，则视为不胜任工作。

126. 如何判定“不能胜任工作”？

答：原劳动部《关于〈劳动法〉若干条文的说明》中对“不能胜任工作”的表述为：“不能按要求完成劳动合同中约定的任务或者同工种、同岗位人员的工作量。用人单位不得故意提高定额标准，使劳动者无法完成。”总结起来，“不能胜任”分两大类：

第一类：不能完成约定的任务；

第二类：不能完成相同岗位人员的工作量。

对于第一类，企业应如何具体操作呢？

（1）有明确的考核任务，比如销售额、销售回款、客户投诉率、客户满意度。

（2）这些考核任务有明确的考核标准，比如符合SMART原则：

①S，具体的，比如“减少客户等待时间”；

②M，可衡量的，比如“在24小时内回复客户投诉”；

③A，通过努力可以达到的，比如“摘桃子”，而不是“摘星星”；

④R，与职责最相关的指标，即考核指标都是围绕其主要工作内容展开的；

⑤T，有时间限制的，比如“在年底之前完成销售回款”。

（3）将这些考核内容写到考核协议书上，定义各项考核的权重以及打分标准，并定义好总分与考核等级之间的对应关系。

（4）双方在考核协议书上签名。

（5）按照考核周期，收集考核数据，对考核对象进行回顾打分，并得到考核等级。

（6）员工在有考核等级的协议上签字确认或进入申辩程序。

（7）在劳动合同或员工手册上定义好什么考核等级对应于不胜任工作。

对于第二类，企业应如何具体操作呢？

（1）先确定在一定区域内可以相互比较的岗位。

（2）事先约定，与这些岗位人员的业绩相比较，什么结果就算不胜任工作。比如，连续三个月的业绩排名都在所在地区的倒数三名内，则属于不胜任工作；再比如，一些计件制员工，其合格产品的实际数量低于同等岗位人员平均数量的 70%。

127. 如何处理不能胜任工作的员工？

答：根据《劳动合同法》第四十条第二项的规定，劳动者不能胜任工作，经过培训或者调整工作岗位，仍不能胜任工作的，企业有单方解除合同的权利。因此，当出现第一次不能胜任工作的情形时，企业要么调整员工岗位，要么培训员工。

如何调岗呢？

（1）职位跨度不能太大；

（2）考虑工作胜任性，如教育背景、经验经历；

（3）考虑企业可供调整的岗位；

（4）无工作岗位可以调整的情况下，可以考虑减少工作内容。

如何培训呢？

（1）提供提高专业技能的培训；

（2）做好培训的会议纪要，让员工签字，证明其已经参加了培训。

在企业单方行使解除合同的权利之前，确认企业已经走完这三步：

第一步：证明员工不能胜任工作；

第二步：为该员工调岗或培训；

第三步：再次证明该员工不能胜任工作。

128. 能证明员工不胜任工作，就能解除合同吗？

答：《劳动合同法》第四十二条　劳动者有下列情形之一的，用人单位不得依照本法第四十条、第四十一条的规定解除劳动合同：

（一）从事接触职业病危害作业的劳动者未进行离岗前职业健康检查，或者疑似职业病病人在诊断或者医学观察期间的；

（二）在本单位患职业病或者因工负伤并被确认丧失或者部分丧失劳动能力的；

（三）患病或者非因工负伤，在规定的医疗期内的；

（四）女职工在孕期、产期、哺乳期的；

（五）在本单位连续工作满十五年，且距法定退休年龄不足五年的；

（六）法律、行政法规规定的其他情形。

因此，当员工处于下列情形之一时，不能使用不胜任的条款来解除劳动合同：

（1）职业病确诊期；

（2）有工伤且确认有伤残等级的；

（3）在法定医疗期内的；

（4）在三期内的；

（5）满足“15+5”模式的。

129. 员工不随企业搬迁，可以解除合同吗？

答：参照原劳动部《关于〈劳动法〉若干条文的说明》第二十六条规定，《劳动法》第二十六条第三项中的“客观情况”指：发生不可抗力或出现致使劳动合同全部或部分条款无法履行的其他情况，如企业迁移、被兼并、企业资产转移等，并且排除本法第二十七条所列的客观情况，即用人单位濒临破产进行法定整顿期间或者生产经营状况发生严重困难，确需裁减人员的。因此，企业搬迁属于客观情况发生重大变化是有法律依据的。但问题是搬迁多远才算客观情况发生了重大变化？比如从 A 楼搬到对面的 B 楼，算是重大变化吗？法律上没有给出标准答案或解释，但基于一般的常理，建议可以这样理解：

（1）看企业与劳动者在劳动合同中关于工作地点是如何约定的；

（2）如果在合同中无法找到具体的约定，但搬迁后大部分员工仍然能正常上下班，则不属于客观情况发生重大变化，此时企业可使用自己的自主管理权，要求员工服从搬迁，否则可考虑定义为严重违纪。如果企业搬迁后大部分员工的确无法正常上下班了，则属于重大变化，此时可以参照《劳动合同法》的第四十条第三项。具体做法包括：

①先与员工协商，如果员工不同意，则进入下一步；

②企业拟定单方解除劳动合同的通知，在决定之前征求工会的意见；

③提前 30 天通知解除合同或支付一个月代通知金；

④支付经济补偿金，办理离职手续。

130. 员工在外面偷偷兼职，单位可以解除其劳动合同吗？

答：《劳动合同法》第三十九条　劳动者同时与其他用人单位建立劳动关系，对完成本单位的工作任务造成严重影响，或者经用人单位提出，拒不改正的，用人单位可以解除其劳动合同。

劳动者与其他单位建立劳动关系（以下简称“兼职”），用人单位解除劳动合同的，需要具备以下条件之一：①兼职对完成本单位工作任务造成严重影响；②用人单位对兼职提出反对意见，劳动者拒不改正。这两个条件都需要用人单位提供相应的证据予以证明。

需要注意的是，单位以职工兼职提出解除劳动合同的情形，仅限于劳动者与用人单位之间属于全日制的劳动合同关系，而且无论其所“兼职”的是全日制劳动关系还是非全日制劳动关系，用人单位均可参照上述规定。

131. 解除合同通知书的要点是什么？

答：在日常工作中，常常要拟定解除合同的通知函，其应该包含哪些要点呢？

（1）名称：解除劳动合同通知函；

（2）通知对象：员工的名字和身份证号码；

（3）通知内容：

①解除劳动合同所依据的客观事实或行为描述；

②解除劳动合同所依据的法律规定；

③解除劳动合同已履行的法律程序，如工会通知程序；

④劳动合同解除的时间；

⑤通知离职交接和必要的体检等安排。

（4）结尾：公司盖章或签名，时间；

（5）附加送达回执。

132. 解除合同通知书为什么一定要送达？

答：很多公司的 HR 虽拟定好了解除劳动合同通知函，但联系不上员工，结果就一直放在抽屉里，通知函没有发挥应有的作用。为什么这个通知函一定要被送达呢？因为：

（1）送达是该通知函生效的条件。虽然企业内部的一切程序都走完了，员工的行为也的确符合解除合同的条件，但如果该通知函没被送达给员工，在法律上就认为这样的解除仍然没有发生，公司和员工之间仍然保持着劳动关系。

（2）送达是员工诉讼时效的开始点，员工知道之日的第二天就是诉讼时效的起点。

诉讼时效一律从权利人知道或者应当知道权利被侵害之时开始。因此，如果不送达，员工压根儿不知道其权利被侵害，那诉讼时效就不能开始。比如员工 6 月 22 日知道此事，那么 6 月 23 日到次年的 6 月 22 日都是诉讼时效的时间区间。有的时候因为某种原因诉讼时效中断，比如企业 6

月 22 日发出通知函，但有证据证明被快递耽搁了导致员工在 7 月 15 日才收到，则诉讼时效从 7 月 16 日开始，到次年的 7 月 15 日结束。

133. 合同到期，是否需要提前通知员工终止合同？

答：企业是否有通知义务，取决于当地的法律法规有无特别规定。2008 年 1 月 1 日生效的《劳动合同法》规定，员工劳动合同到期即行终止，并不需要提前通知，即到期之日通知并办理离职手续即可。全国大部分地区都是参照上述国家规定，因此无须提前通知，或者说没有提前通知的义务。但少数地区有自己的地区性规定，要求区域内企业履行提前通知的义务。其实，提前通知可能会带来一些风险，比如：

（1）本来员工不知道到期企业不续签，一旦提前得知，则可能在剩下的时间消极怠工；

（2）如果员工心怀恨意，可能提前带走一些重要的资料，或销毁一些重要的资料，或有其他破坏动作；

（3）员工可能在剩下的时间具备《劳动合同法》第四十五条规定的情形之一（比如孕期），从而导致合同到期无法终止。

那么企业该如何做呢？

（1）一般情况下，不提前通知。有人会说，这样做太残忍了，因为劳动者没有找工作的时间。但根据新的《劳动合同法》，如果合同到期企业单方终止且劳动者没有出现《劳动合同法》第三十九条的情形（过失性辞退的情形），则劳动者可以享受经济补偿金。

（2）对劳动者有可靠把握的情况下，适当提前通知。

（3）究竟提前多少天呢？这需要考虑工作交接的时间以及让其休完剩余年假的时间，或者有些岗位还需要安排离岗前的体检时间，等等。

134. 企业不能终止/解除劳动合同的情形有哪些？ 非法终止有何法律后果？

答：企业不能单方终止劳动合同的情形包括：

《劳动合同法》第十四条　无固定期限劳动合同，是指用人单位与劳动者约定无确定终止时间的劳动合同。用人单位与劳动者协商一致，可以订立无固定期限劳动合同。有下列情形之一，劳动者提出或者同意续订、订立劳动合同的，除劳动者提出订立固定期限劳动合同外，应当订立无固定期限劳动合同：（一）劳动者在该用人单位连续工作满十年的；（二）用人单位初次实行劳动合同制度或者国有企业改制重新订立劳动合同时，劳动者在该用人单位连续工作满十年且距法定退休年龄不足十年的；（三）连续订立二次固定期限劳动合同，且劳动者没有本法第三十九条和第四十条第一项、第二项规定的情形，续订劳动合同的。

《劳动合同法》第四十二条　劳动者有下列情形之一的，用人单位不得依照本法第四十条、第四十一条的规定解除劳动合同：（一）从事接触职业病危害作业的劳动者未进行离岗前职业健康检查，或者疑似职业病病人在诊断或者医学观察期间的；（二）在本单位患职业病或者因工负伤并被确认丧失或者部分丧失劳动能力的；（三）患病或者非因工负伤，在规定的医疗期内的；（四）女职工在孕期、产期、哺乳期的；（五）在本单位连续工作满十五年，且距法定退休年龄不足五年的。

《劳动合同法》第四十五条　劳动合同期满，有本法第四十二条规定情形之一的，劳动合同应当续延至相应的情形消失时终止。但是，本法第四十二条第二项规定丧失或者部分丧失劳动能力劳动者的劳动合同的终止，按照国家有关工伤保险的规定执行。

如果企业非法终止/解除劳动合同，其法律后果是什么？

（1）恢复劳动关系，补发终止/解除之日至恢复劳动关系之日的工资福利，补缴此期间的五险一金；

（2）支付双倍的赔偿金。

135. 劳动合同解除与终止有何不同?

答：结束劳动关系的两种方式是解除或者终止，这两者的不同之处包括：

（1）时间点不同。劳动合同终止是劳动合同关系的自然结束，而解除是劳动合同关系的提前结束。

（2）前提条件不同。劳动合同终止的条件中，约定条件主要是合同期满的情形，而法定条件主要是劳动者和用人单位主体资格的消灭。劳动合同解除的条件中，约定条件主要是协商一致解除合同的情形，而法定条件是一些违法违纪违规等行为，或满足特定法定条件才能解除。

（3）预见性不同。劳动合同终止一般是可以预见的，特别是劳动合同期满终止的，而劳动合同解除一般不可预见。

136. 劳动合同终止的类型有哪些?

答：劳动合同终止的类型包括：

（1）劳动合同期满终止。包括用人单位提出终止；员工提出终止；因用人单位降低续签条件，员工拒绝续签而终止。

（2）出现法定情形而终止。包括劳动者主体资格消灭（退休；到法定退休年龄；自然死亡；宣告死亡；宣告失踪）和用人单位主体资格消灭（破产；被吊销营业执照；责令关闭；撤销或决定提前解散）。

137. 经济补偿金如何计算?

答：一般来说，经济补偿金=月工资×工作年限。

（1）月工资：按照劳动者应得工资计算，包括计时工资或者计件工资以及奖金、津贴和补贴等货币性收入。劳动者在劳动合同解除或者终止前12个月的平均工资低于当地最低工资标准的，按照当地最低工资标准计算。劳动者工作不满12个月的，按照实际工作的月数计算平均工资。

（2）工作年限：每满一年补偿一个月工资；六个月以上不满一年的按

一年计算；不满六个月的，支付半个月工资。

（3）如果上述第 1 项超过了上年度职工月平均工资的三倍，则按照三倍封顶计算，且补偿年限最多不超过 12 年，因此经济补偿金发放的月份最多就是 12 个月。

138. 补偿金等于赔偿金吗？

答：《劳动合同法》第四十六条　有下列情形之一的，用人单位应当向劳动者支付经济补偿：

（一）劳动者依照本法第三十八条规定解除劳动合同的；

（二）用人单位依照本法第三十六条规定向劳动者提出解除劳动合同并与劳动者协商一致解除劳动合同的；

（三）用人单位依照本法第四十条规定解除劳动合同的；

（四）用人单位依照本法第四十一条第一款规定解除劳动合同的；

（五）除用人单位维持或者提高劳动合同约定条件续订劳动合同，劳动者不同意续订的情形外，依照本法第四十四条第一项规定终止固定期限劳动合同的；

（六）依照本法第四十四条第四项、第五项规定终止劳动合同的；

（七）法律、行政法规规定的其他情形。

《劳动合同法》第八十七条　用人单位违反本法规定解除或者终止劳动合同的，应当依照本法第四十七条规定的经济补偿标准的二倍向劳动者支付赔偿金。

因此，赔偿金是经济补偿金的二倍，这体现了加重处罚用人单位的精神。

这里所说的“违反本法规定”是指违反《劳动合同法》第三十六条、第三十九条、第四十条、第四十一条、第四十二条、第四十四条、第四十五条等规定。

139. 员工自然死亡，企业要承担什么责任吗？

答：员工自然患病死亡或意外死亡后，会出现以下四种情形：

（1）属于非因工死亡，不要和工伤死亡混淆在一起；

（2）因为死亡导致主体资格消失，劳动合同终止，参看《劳动合同法》第四十四条第三项；

（3）企业不需要支付经济补偿金，参看《劳动合同法》第四十六条；

（4）丧葬费、抚恤金以及养老金账户的个人部分应该由当地的养老保险机构支付，但如果企业没有为员工缴纳养老保险或者虽然已经缴纳，但当地养老机构不能或不肯支付，则由企业自己承担。

140. 终止劳动合同通知书怎么写？

答：终止劳动合同通知书的撰写要点包括：

（1）劳动合同期满终止的具体日期；

（2）工资和社保支付到××××年××月××日；

（3）经济补偿金总共×××××元人民币，该经济补偿金已经包含了×××项目，何时发放，以及发放的条件；

（4）离职手续与相关物款的归还要求；

（5）保密义务、竞业限制义务的澄清；

（6）档案转移以及需要员工配合的义务；

（7）签收回执，签字表示同意。

示例：

×××（身份证号码：　　　　　），您好：

您与××××公司（以下简称“公司”）签订的劳动合同将于××××年××月××日到期。现公司决定并通知您，根据《劳动合同法》第四十四条第一款的规定，该劳动合同到期不再续订。现就劳动合同到期终止事宜通知如下：

1. 本公司与您的劳动关系终止于××××年××月××日（“终止日”），工资发放至终止日。您在本公司的最后工作日为××××年××月××日。

2. 公司将依法向您一次性支付人民币×××××元，该费用已包括与双方劳动关系有关的公司应支付的、您可能享有的任何及所有的法定和/或约定的权利、费用和利益（若有），包括但不限于代替提前通知金、劳动报酬、奖金、部门特殊奖金、津贴、补贴、加班费、社会保险、经济补偿金、福利、未休年假补偿等。公司将在您按照要求办理完毕离职手续后最近的一个工资支付日向您的工资卡账号中支付以上费用。根据中华人民共和国个人所得税法相关条款规定所产生的，与该补偿金款项相关的所有个人所得税均由员工个人承担。

3. 您若接受第2条所述费用，代表您不再对本公司、本公司的关联公司或与本公司有业务关系的公司及相关人员提出任何要求、投诉、提起仲裁或诉讼。如您违反承诺，应当立即将本公司支付的上述费用中超出法定标准的部分一次性返还给公司。

4. 请您于××××年××月××日前配合本公司，按照内部规章制度及公司相关人员的要求妥善办理离职手续，完成工作移交，归还所有属于本公司、本公司的关联公司或与本公司有业务关系的公司的文件（任何载体）和财物。

5. 在终止日后，您仍对本公司负有保密义务，仍需保持本公司、本公司的关联公司或与本公司有业务关系的公司的商业秘密的保密性，包括但不限于技术、产品、商务和财务方面的保密信息，不向任何第三方泄露任何该等信息。不以任何形式诋毁或诽谤本公司或其现有或先前的主管、雇员、产品或服务，也不以负面的或者贬低的态度就前述事项对任何媒体、个人或者实体发表言论，不以任何方式影响本公司的正常工作，不从事损害本公司利益和名誉的活动。如您违反本条的义务，本公司有权追究您的法律责任。

6. 如本协议中约定的各项补偿的金额低于法律规定的标准，鉴于本协议是双方通过协商达成的和解的最终的解决方案，乙方承诺不可撤销地放弃对不足部分的追究权利。

7. 您的档案将在合同终止之日后的15天内转移到您的新的用人单位或其他您指定的保管单位。请在离职后的5个工作日内通知公司关于您的档案的转移地址，否则相关的不利后果，由您本人承担。

8. 本协议一式贰份，各持壹份，具有同等法律效力。

9. 本协议自甲方盖章、乙方签字之日起生效。

××××公司

××××年××月××日

本人已于××××年××月××日收到××××公司发出的《劳动合同到期终止通知书》（“通知书”）。本人确认知悉、理解、接受并同意该通知书的所有内容，确认与公司基于劳动关系履行方面已完全并最终地解决，本人没有任何异议。

员工签字：________　　身份证号码：________

141. 与员工协商谈判的注意事项有哪些？

答：需要与员工进行协商谈判的情形包括：

（1）业务增减；

（2）业务优化；

（3）部门合并或分立；

（4）组织结构调整和优化整合；

（5）淘汰不再适合在公司继续发展的员工；

（6）临时的工作安排调整；

（7）公司某业务模块的出售；

（8）重大发展战略调整；

（9）发生了不可抗力事件，比如非典、新冠肺炎疫情。

任何协商都应该在遵守相关法律法规的前提下进行，并注意以下事项：

（1）善于与员工建立信任关系，并展示出真诚的态度。

（2）尽可能站在相对客观的角度看待问题，学会换位思考，追求双赢。

（3）知己知彼，要提前了解对方，比如个性、工龄、合同信息等，准备好相关的协议。

（4）如果员工业绩或表现不好，则准备好相关证据，比如收到的投诉、业绩考核等级、犯错误的记录、能力或考试的结果等。

（5）熟悉相关法律法规以及企业内部的规章制度，包括员工手册、劳动合同、纪律管理条例、企业文化等，以及公司能提供的各种经济补偿。

（6）如果不是因为员工的能力或过错而协商解除，则真诚告知企业面临的客观困难或面临的客观情况发生了重大变化，让大家有紧迫感，抛弃幻想。

（7）真诚告知该员工岗位的客观情况发生变化。比如之所以设立此岗位，是因为公司曾经有什么样的规划（拿下某块地、拿下某个招标项目、开展某项业务、构建第二条生产线等）作为前提条件，但现在这个前提条件不成立了。

（8）真诚告知一些未能预料到的情况出现，比如员工的确是职业化人才，但企业确实没有提供一个为职业化人才发展的环境和土壤，因此导致职业化人才的能力无法真正有效发挥。企业成立以来就是这样的文化氛围和环境，短期很难改变，如果继续下去，会使双方的合作效率不高或内耗，对员工的发展前途也不利。

（9）如果是停工停产，则可以按照《工资支付暂时规定》第十二条“非因劳动者原因造成单位停工、停产在一个工资支付周期内的，用人单位应按劳动合同规定的标准支付劳动者工资。超过一个工资支付周期的，若劳动者提供了正常劳动，则支付给劳动者的劳动报酬不得低于当地的最低工资标准；若劳动者没有提供正常劳动，应按国家有关规定办理”来进行处理，一旦进入了支付最低工资的客观状态，员工也能理解公司面临的客观状况，此时是一个协商谈判的机会点。

（10）为员工做一些力所能及的事情，比如一份好的离职证明、未来职业规划、推荐信，将员工推荐给猎头和人才市场。

（11）在协商之前，也应考虑好，万一协商不成怎么办。

142. 协商解除劳动合同时，要算哪些账？

答：一般要算好成本账：

（1）经济补偿金；

（2）工资成本，如未支付的提成工资、加班费；

（3）固定的奖金、十三薪、年度奖金等奖金性工资；

（4）未休年假的折算的工资；

（5）竞业限制补偿成本；

（6）其他成本，如期权、分红等；

（7）可能的赔偿金、滞纳金；

（8）一个月的代通知金；

（9）未足额缴纳社会保险的成本；

（10）未足额缴纳住房公积金的成本；

（11）当月未结余的工资；

（12）员工的借款；

（13）津贴福利。

当然，除了算成本账，也要算事业账，并对比得失。

143. 如何以欺诈为由解除劳动合同？

答：《劳动合同法》第二十六条　下列劳动合同无效或者部分无效：（一）以欺诈、胁迫的手段或者乘人之危，使对方在违背真实意思的情况下订立或者变更劳动合同的；（二）用人单位免除自己的法定责任、排除劳动者权利的；（三）违反法律、行政法规强制性规定的。对劳动合同的无效或者部分无效有争议的，由劳动争议仲裁机构或者人民法院确认。

《劳动合同法》第三十九条第五项　劳动者有下列情形之一的，用人单位可以解除劳动合同：因本法第二十六条第一款第一项规定的情形致使劳动合同无效的。

欺诈就是伪造或虚构资料和事实，让企业发生误解而做出错误决定的行为。在我们的企业实践中，最常见的欺诈情形包括：

（1）假的身份证；

（2）假的简历；

（3）假的学历证书；

（4）假的工作经历；

（5）假的荣誉；

（6）填写假的报表/报告；

（7）隐瞒事实真相；

（8）歪曲事实。

企业应该在《员工手册》中明确规定：一旦员工出现欺诈行为，则属于严重违纪，公司有权随时解除其劳动合同。

144. 针对“三期”员工，可以何种方式解除和终止劳动合同？

答：“三期”员工是指在孕期、产期、哺乳期的女职工。一般可以通过协商方式解除，或者，如果员工严重违纪则可以直接解除合同。过了三期期限的，则与其他员工一样，按照《劳动合同法》第三十六条、第三十九条、第四十条、第四十一条解除，或待合同期满自然终止。

第9章

裁员管理的用工风险

145. 部门之间或团队之间合并，可以解除合同吗？

答：部门之间或团队之间的合并，一般都会导致岗位的增加或减少，或者工作内容的增加或减少，所以需要协商。那么企业如何操作才能减少协商过程中的风险呢？

（1）在员工手册或劳动合同中，做好协商前置；

（2）不到万不得已，不要单方解除，而要协商解除；

（3）当原岗位被取消，需要调整岗位时，尽量依据以下原则：职位高低不变或尽量相近；岗位性质不变或尽量相近；工作强度不变或尽量相近；在报酬上适当照顾或不变。

企业有权力调整员工的岗位和工作汇报对象，这些在劳动合同中是没有约定的，尤其是改变汇报对象，本来就是企业自主管理的体现，无须协商。

146. 被兼并企业的员工，如何处理？

答：何谓兼并？兼并是指通过产权的有偿转让，把其他企业并入本企业或企业集团中，使被兼并的企业失去法人资格或改变法人实体的经济行为。

《劳动合同法》第四十条　有下列情形之一的，用人单位提前三十日以书面形式通知劳动者本人或者额外支付劳动者一个月工资后，可以解除劳动合同：（一）劳动者患病或者非因工负伤，在规定的医疗期满后不能从事原工作，也不能从事由用人单位另行安排的工作的；（二）劳动者不能胜任工作，经过培训或者调整工作岗位，仍不能胜任工作的；（三）劳动合同订立时所依据的客观情况发生重大变化，致使劳动合同无法履行，经用人单位与劳动者协商，未能就变更劳动合同内容达成协议的。

因此，兼并属于《劳动合同法》第四十条第三项的情形，企业可以行使单方解除的权利。具体操作步骤是：

（1）协商变更劳动合同。双方通过协商变更劳动合同，包括变更劳动报酬。

（2）如果上述协商不成，则走单方解除合同的程序。

147. 如何理解破产重整？

答：《企业破产法》第二条　企业法人不能清偿到期债务，并且资产不足以清偿全部债务或者明显缺乏清偿能力的，依照本法规定清理债务。企业法人有前款规定情形，或者有明显丧失清偿能力可能的，可以依照本法规定进行重整。

企业重整制度着眼于积极预防破产，充分调动各利害关系人的积极性，共同拯救陷于经营困境的企业，从根本上恢复债务人的生产经营能力，维持企业正常的生产经营秩序。企业重整后继续经营，可避免进入破产清算程序，使企业有可能通过重整而获得复苏的机会。在重整过程中，用人单位可根据实际经营情况，进行经济性裁员。

破产重整不是破产清算。破产重整意味着重整旗鼓，期待在重整之后恢复活力；破产清算则是宣告债务人破产后，由破产管理人对破产公司的财产进行清算、评估、处理，并按照规定的程序和分配规则对破产公司的财产进行分配，最终使债务人不复存在的一套制度。破产清算制度往往适用于那些无法通过重整或和解而继续生存下去的公司。

148. 如何理解生产经营发生严重困难？

答：目前，没有法律法规直接界定何谓“生产经营发生严重困难”。有些地方政府出台了更具体的政策，对“生产经营发生严重困难”有明确的定义和解释，当地企业可以参考执行。

从《劳动合同法》的角度看，当企业的生产经营面临严重困难时，为了使企业不陷入破产、关闭的绝境，政策允许此种情况下裁减人员，以降低成本。从全局和长远看，对用人单位的劳动者群体是有利的，但对于特定劳动者来说，的确做出了一定的牺牲，可以理解成牺牲少数盘活多数。

149. 经济性裁员时，哪些员工必须留，哪些员工优先留？

答：根据《劳动合同法》第四十二条，在经济性裁员中，下列人员必须保留：

（1）从事接触职业病危害作业的劳动者未进行离岗前职业健康检查，或者疑似职业病病人在诊断或者医学观察期间的；

（2）在本单位患职业病或者因工负伤并被确认丧失或者部分丧失劳动能力的；

（3）患病或者非因工负伤，在规定的医疗期内的；

（4）女职工在孕期、产期、哺乳期的；

（5）在本单位连续工作满十五年，且距法定退休年龄不足五年的。

根据《劳动合同法》第四十一条第一款，下列三类人员要优先保留：

（1）与本单位订立较长期限的固定期限劳动合同的；

（2）与本单位订立无固定期限劳动合同的；

（3）家庭无其他就业人员，有需要扶养的老人或者未成年人的。

150. 如何理解经济性裁员的实体性要求？

答：《劳动合同法》第四十一条第一款　有下列情形之一，需要裁减人员二十人以上或者裁减不足二十人但占企业职工总数百分之十以上的，用人单位提前三十日向工会或者全体职工说明情况，听取工会或者职工的意见后，裁减人员方案经向劳动行政部门报告，可以裁减人员：（一）依照企业破产法规定进行重整的；（二）生产经营发生严重困难的；（三）企业转产、重大技术革新或者经营方式调整，经变更劳动合同后，仍需裁减人员的；（四）其他因劳动合同订立时所依据的客观经济情况发生重大变化，致使劳动合同无法履行的。

上述四点就是实体性要求，对这些要求的理解如下：

（1）“依照企业破产法规定进行重整”的理解：企业因经营不善造成严重亏损，不能清偿到期债务的，可以宣告破产。一般人民法院受理破产案件后会召开债权人会议，宣布破产企业进入2年的重整期，目的是促进企业恢复生产能力，避免破产。

（2）“生产经营发生严重困难”的理解：是指达到了当地政府规定的严重困难企业的标准。一般情况下，用人单位需要准备审计报告、纳税证明、企业账户明细、贷款催款等材料，用以证明其资不抵债，经营出现了严重困难。主要认定条件包括但不限于停产停业、拖欠工资或生活费、欠缴五险一金、一段时间内没有可能恢复生产。

（3）“企业转产、重大技术革新或者经营方式调整”的理解：①企业转产。比如从事房地产的，转行从事教育。原来生产汽车的，现在转行生产手机了。②重大技术革新。比如原来人工操作的，现在由大量现代化的机器人操作。③经营方式调整。比如制造环节全部外包，或销售环节外包，或某类人员的任务全部外包。

（4）“其他因劳动合同订立时所依据的客观经济情况发生重大变化，致使劳动合同无法履行”的理解：本条款涉及的“劳动合同订立时所依据的客观经济情况发生重大变化”尚无立法解释，如果直接套用此条款裁员，会有风险。

151. 如何理解经济性裁员的程序性要求？

答：所谓程序性要求，就是指裁员的具体操作步骤。裁员该有的步骤不能缺失。

（1）提前 30 日向工会或者全体职工说明情况，并提供有关生产经营状况的资料。注意，这里不是职工代表而是工会或者全体职工。听取职工意见可以有多种形式，比如召开座谈会、设置意见箱、部门负责人收集本部门员工意见等。

（2）提供裁减人员方案，包括：被裁减人员名单，裁减时间及实施步骤，符合法律法规和集体合同约定的被裁减人员经济补偿办法。

（3）将裁减人员方案征求工会或者全体职工的意见，并对方案进行修改和完善。

（4）向当地劳动行政部门报告裁减人员方案以及工会或者全体职工的意见，并听取劳动行政部门的意见。注意，这里并不是说一定要当地劳动部门的批准，但用人单位要履行报告的义务。

（5）由用人单位正式公布裁减人员方案，与被裁减人员办理解除劳动合同手续，按照有关规定向被裁减人员支付经济补偿金，出具裁减人员证明书。

152. 进行经济性裁员时，要保存哪些证据？

答：进行经济性裁员，需要保存好以下证据：

（1）提前说明情况的证据；

（2）提出并告知方案的证据；

（3）征求意见并进行修改完善的证据；

（4）向劳动行政部门报告的证据；

（5）公布裁员方案，办理解除及离职手续的证据。

153. 关于经济性裁员，如何向劳动行政部门报告？

答：经济性裁员的步骤之一，就是向劳动行政部门报告。但这种报告不是合法性的审查批准，而是一种程序性审查，劳动部门要对此进行备案。劳动部门当然可以对裁员方案提出建议，但不是说这些建议就一定要执行。

那么在提交报告时，应提交哪些资料呢？以北京为例，大致要提交以下资料：

（1）企业实施经济性裁减人员的报告；

（2）法院宣告企业进入法定整顿期的证明书或市、区、县国有资产管理部门认可的资产评估机构对企业资产盈亏情况评估后出具的资产证明书；

（3）企业裁减人员方案；

（4）工会或全体职工对裁减人员方案的意见；

（5）《被裁减职工状况分析表》和《被裁减职工花名册》；

（6）企业缴纳社会保险金的证明材料。

其他资料参照劳动部出台的《企业经济性裁员规定》的相关要求。

154. 走完经济性裁员程序后，如何具体操作以解除合同？

答：单方解除劳动合同的具体步骤如下：

（1）向员工发出因经济性裁员造成的解除劳动合同通知书；

（2）通知员工完成工作交接，办理相应的离职手续；

（3）结清工资福利待遇；

（4）在工作交接完毕后，支付被裁员工的经济补偿金。

当然，有的企业即使走完了裁员的所有程序，仍然可以通过协商解除的方法来解除合同。

第10章

员工辞职管理的用工风险

155. 员工提出辞职，企业以员工未签订竞业限制协议为由不批准，可以吗？

答：《劳动合同法》第三十七条　劳动者提前三十日以书面形式通知用人单位，可以解除劳动合同。劳动者在试用期内提前三日通知用人单位，可以解除劳动合同。

可以看出，劳动者只要提前三十日通知用人单位，则三十日后在法律上就是解除劳动合同了，并不需要单位批准。

156. 员工辞职的原因与风险有哪些？

答：一般认为，员工辞职，人走了，还能有什么风险？其实不然，不同的辞职原因导致不同的法律风险。

（1）因个人原因辞职

这里指走正常辞职通知程序，完成离职交接离开。这种辞职没有什么风险，只要员工做好相关的离职交接即可。

（2）员工以企业有过错为前提辞职

《劳动合同法》第三十八条　用人单位有下列情形之一的，劳动者可以解除劳动合同：

（一）未按照劳动合同约定提供劳动保护或者劳动条件的；

（二）未及时足额支付劳动报酬的；

（三）未依法为劳动者缴纳社会保险费的；

（四）用人单位的规章制度违反法律、法规的规定，损害劳动者权益的；

（五）因本法第二十六条第一款规定的情形致使劳动合同无效的；

（六）法律、行政法规规定劳动者可以解除劳动合同的其他情形。

用人单位以暴力、威胁或者非法限制人身自由的手段强迫劳动者劳动的，或者用人单位违章指挥、强令冒险作业危及劳动者人身安全的，劳动者可以立即解除劳动合同，不需事先告知用人单位。

这样的辞职是有风险的，因为企业要支付经济补偿，如果有培训协议，则员工可以不交违约金。当然，如果这种离职给企业造成了损失，企业可以追究劳动者的赔偿责任。

（3）员工没有提辞职，但突然消失

一旦出现这种情形，企业不能简单地按照旷工处理，否则很可能做出了错误的决定而造成非法解除的后果。因此，要先给员工解释的机会，如果员工继续消失，在规定的期限内不出现，则可以按照旷工处理。如果有别的原因，则根据具体的原因来处理。

157. 何谓“未依法缴纳社保”？

答：“未依法缴纳社保”包括下列三种情况：

（1）未缴纳；

（2）欠缴，比如几个月没有缴纳；

（3）未足额，比如未按照货币性收入的平均数来缴纳，而是用一个最低基数缴纳。

158. 员工未提前三十天通知企业而提出辞职，并要求立即离职，企业如何应对？

答：根据《劳动合同法》第三十七条，劳动者应该提前三十日或三日（试用期内）通知才能解除合同。劳动合同的解除预告期是各国劳动立法的通行做法。劳动者在享有解除劳动合同自主权的同时，也应当遵守解除合同预告期的规定（这里不包括《劳动合同法》第三十八条规定的“用人单位以暴力、威胁或者非法限制人身自由的手段强迫劳动者劳动的或违章指挥、强令冒险作业危及劳动者人身安全的，劳动者可以立即解除劳动合同”的情形）。否则，劳动者将可能因违法解除劳动合同而承担赔偿责任。

作为用人单位，该如何应对这种强行要离职的员工呢？通常的应对措施包括：

（1）在《员工手册》上写明，第 13 个月的工资作为一种奖励，一旦发生未提前 30 天通知且没有单位批准而擅自离职的情形，则无法获取此奖励。

（2）在制度中规定：如果不来办理离职交接的，可以适当扣除当月的奖金和季度奖金，甚至公司可以定义这种强行离职不做交接的行为属于严重违纪，并把严重违纪与扣除奖金福利联系在一起。

（3）按照《劳动合同法》第九十条的规定，劳动者违反本法规定解除劳动合同，或者违反劳动合同中约定的保密义务或者竞业限制，给用人单位造成损失的，应当承担赔偿责任。因此，公司可以要求劳动者赔偿相关的损失。当然要在制度中提前约定，比如这种情况下的损失都包含哪些，以及如何赔偿这些损失（提前授权给企业从最后结算的工资中扣除）。

（4）最后一个月的工资用现金结算，这有助于让员工回来配合办理正常的离职交接手续。

（5）企业平时做好知识管理工作，尤其是研发技术人员的知识管理。

（6）按照《劳动合同法》第九十一条的规定，用人单位招用与其他用人单位尚未解除或者终止劳动合同的劳动者，给其他用人单位造成损失的，应当承担连带赔偿责任。如果知道劳动者去了哪家单位，则可以向对方单位发出律师函，提醒对方单位关于××尚未与原单位解除劳动关系的事实，告知对方单位无权聘用此员工，如果造成了损失，则将追究其连带的赔偿责任。通过这种方式给对方单位施加一定的压力，让对方单位给员工施加压力，这也能使员工更好地配合离职和交接工作。

159. 员工提出辞职，领导一气之下，要求其立即走人，可以吗？

答：员工提前30天提出解除合同，是合理合法的，但此时企业能否以此为由，立即解除合同呢？答案是不能。没有任何法律法规支持企业这样的单方解除的行为。企业能够单方解除合同的所有依据只能是：

（1）《劳动合同法》第三十九条的过错性解除规定；

（2）《劳动合同法》第四十条的非过错性解除规定；

（3）《劳动合同法》第四十一条的裁员规定。

因此，即使该员工提出了辞职，那么未来的30天内其仍然是企业的员工，企业不能提前解除合同。

160. 员工不能接受调岗调薪而辞职，企业需要支付经济补偿吗？

答：《劳动合同法》第四十条第二项　劳动者不能胜任工作，经过培训或者调整工作岗位，仍不能胜任工作的，用人单位提前三十日以书面形式通知劳动者本人或者额外支付劳动者一个月工资后，可以解除劳动合同。

因此，在企业能举出足够的证据证明员工确实不能胜任工作的情况下，企业是可以单方调整岗位的，但有关岗位应当与原有岗位具有一定相关性，要根据员工的经历、专业知识等考虑相近的岗位。另外，本着薪随岗变的原则，在岗位发生合理调整时，薪酬亦可以合理调整，但如何才算合理呢？至少薪资调整不能违反同工同酬的原则。

在满足上述所列的条件下，员工以此为由而辞职，企业不需要支付经济补偿金。但如果企业在没有满足上述条件的前提下，擅自单方变更员工的岗位和薪酬标准导致员工辞职，企业则有被要求支付经济补偿金的风险。

161. 员工离职，拒绝交接工作，企业该怎么办？

答：《劳动合同法》第五十条　用人单位应当在解除或者终止劳动合同时出具解除或者终止劳动合同的证明，并在十五日内为劳动者办理档案和社会保险关系转移手续。劳动者应当按照双方约定，办理工作交接。用人单位依照本法有关规定应当向劳动者支付经济补偿的，在办结工作交接时支付。用人单位对已经解除或者终止的劳动合同的文本，至少保存二年备查。

以上可以看出，工作的有效交接是员工办理离职手续的内容之一，是基于劳动关系员工应当履行的附随义务，员工不交接工作，企业可以不支付经济补偿金。虽然从法律层面看，员工离职有义务进行交接，但如果员工就不按照正常流程进行交接，企业如何应对呢？

（1）可以民事追偿，比如欠了企业的钱或拿了企业的电脑等物产，不肯交接归还的，可以通过法律手段追回来。

（2）可以档案记载，在档案中记录这些行为劣迹。

（3）可以拒付经济补偿金。

（4）在《员工手册》中规定，不进行离职交接或交接不到位的，企业有权扣除相应的奖金，或者直接定义为严重违纪。按照严重违纪解除合同后，相应的补贴或奖金会受到影响，比如停发第 13 个月的奖金。

162. 员工离职后回来要离职证明，企业可以拒绝吗？

答：为什么员工会回来要离职证明？因为员工去的新单位要求其证明已经与原单位解除或终止了劳动合同，从而规避连带赔偿责任。

根据《劳动合同法》第五十条，用人单位应当在解除或者终止劳动合同时出具解除或者终止劳动合同的证明，并在十五日内为劳动者办理档案和社会保险关系转移手续。因此原单位应当出具离职证明，不能拒绝，否则违反法律，员工可以举报。

163. 离职证明的内容写什么？

答：参考《劳动合同法实施条例》第二十四条，用人单位出具的解除、终止劳动合同的证明，应当写明劳动合同期限、解除或者终止劳动合同的日期、工作岗位、在本单位的工作年限。

164. 员工离职后，企业一般要办理哪些手续？

答：员工离职后，企业一般要为员工办理以下手续：

（1）出具离职证明；

（2）转移社保；

（3）社保减员；

（4）转移档案；

（5）被动失业证明，方便员工办理失业保险；

（6）责任告知，比如保密义务或是否还有竞业限制义务等；

（7）如果有竞业限制，则要按照约定支付补偿。

165. 员工辞职时的未休年假，该如何处理？

答：《企业职工带薪年休假实施办法》第十二条第一款　用人单位与职工解除或者终止劳动合同时，当年度未安排职工休满应休年休假的，应当按照职工当年已工作时间折算应休未休年休假天数并支付未休年休假工资报酬，但折算后不足1整天的部分不支付未休年休假工资报酬。

按照该规定，折算方法为：（当年度在本单位已过日历天数÷365天）×职工本人全年应当享受的年休假天数-当年度已安排年休假天数。

用人单位当年已安排职工年休假的，多于折算应休年休假的天数不再扣回。

举例来说，一个工作12年的员工，应该有10天年假，则公式为：（今年已经过了的260天÷365天）×10天-已经休了的2天=7.1-2=5.1，即剩余5天。

那么，该如何处理未休年假呢？

（1）经济补偿。

《企业职工带薪年休假实施办法》第十条第一款　用人单位经职工同意不安排年休假或者安排职工年休假天数少于应休年休假天数，应当在本年度内对职工应休未休年休假天数，按照其日工资收入的300%支付未休年休假工资报酬，其中包含用人单位支付职工正常工作期间的工资收入。

因此，支付带薪年休假工资实际就是支付 200%，即双倍的工资给员工作为补偿。这里的双倍工资如何计算？应该是：（前 12 个月的收入之和-加班工资）÷21.75×200%，这是员工一天未休年假的补偿工资。采用这种补偿方式的成本较高。

（2）转入下一年度。

《企业职工带薪年休假实施办法》第九条　用人单位根据生产、工作的具体情况，并考虑职工本人意愿，统筹安排年休假。用人单位确因工作需要不能安排职工年休假或者跨 1 个年度安排年休假的，应征得职工本人同意。

（3）如果是离职时，可以：

①按照 200%支付未休年假的工资；

②与员工协商，通过变更离职日期，把最终工作日放到剩余年假休完后。

第11章

调岗管理的用工风险

166. 如果员工因身体原因不能从事原岗位工作，企业能否单方面调岗？

答：《劳动合同法》第三十五条第一款　用人单位与劳动者协商一致，可以变更劳动合同约定的内容。变更劳动合同，应当采用书面形式。

《司法解释（四）》第十一条　变更劳动合同未采用书面形式，但已经实际履行了口头变更的劳动合同超过一个月，且变更后的劳动合同内容不违反法律、行政法规、国家政策以及公序良俗，当事人以未采用书面形式为由主张劳动合同变更无效的，人民法院不予支持。

调岗属于劳动合同变更，变更是指用人单位与劳动者就劳动合同的内容做出的改变和调整。员工医疗期届满不能从事原工作时，企业可以单方面调岗。通知函可以按以下格式书写：

×××：

你的医疗期届满后，不能从事原岗位工作，公司根据实际情况，将你的工作岗位调整为×××，工作职责如下：

（1）×××××；

（2）×××××；

（3）×××××。

工作岗位调整后，你的工资将按照调整后的岗位确定，具体为每月××××元。

公司（盖章）：

年　月　日

医疗期届满不能从事原工作时，也可以双方协商。协议书可以按以下格式书写：

甲方：

乙方（身份证号码）：

经双方协商一致，就劳动合同相关内容变更如下：

一、乙方的工作岗位变更为×××，变更后工作职责及内容如下：

1. ×××××；

2. ×××××；

3. ×××××。

二、工作岗位变更后，乙方的工资将按照变更后的岗位确定，具体标准如下：×××××。

三、劳动合同未变更的内容，继续依据劳动合同的约定执行。

四、本协议一式两份，双方各执一份，自甲方盖章、乙方签字后生效。

甲方（盖章）：　　　　乙方（签字）：

年　月　日　　　　年　月　日

167. 如果员工能力不行，企业能否单方面调岗？

答：在员工不能胜任工作时，企业可以单方面调岗。通知函可以按以下格式书写：

×××：

基于你不能胜任目前的×××岗位的工作，公司根据实际情况，将你的工作岗位调整为×××，工作职责如下：

（1）×××××；

（2）×××××；

（3）×××××。

工作岗位调整后，你的工资将按照调整后的岗位确定。

公司（盖章）：

年　月　日

在员工不能胜任工作时，企业也可不行使单方面调岗的权利，而是与员工协商达成调整岗位的目的。协议书内容参照上一个问题的解答。

168. 调岗时，员工不同意调薪，怎么办？

答：如果企业要调整员工岗位（一般指往更低级别的岗位调整），员工能否不同意调低其薪酬呢？这取决于企业的规章制度和双方的约定。正因如此，企业要想做到调岗也调薪且合法有效，则需要做到以下两点：

（1）事先确定薪随岗变的制度和约定，并写入劳动合同中，这是协商前置的做法。

（2）如果没有事先的约定，则固定口头协议，并形成变更事实。

169. 企业可以单方面减少员工的工作内容吗？

答：先看一个小案例。某HR总监，负责10项工作内容。现在该总监怀孕了，身体虚弱，因此企业想把其工作内容从10项减少到5项。可是该总监不同意企业单方面减少工作内容的做法。此时企业能强行减少这些工作内容吗？

首先，企业要求劳动者提供劳动是一种权利，而给劳动者支付劳动报酬是一种义务。

其次，企业不要求劳动者提供劳动是一种放弃权利的行为，不给劳动者支付劳动报酬是一种放弃履行义务的行为。企业要求对方提供更少的劳动，如果继续履行支付正常工资的义务，则这种单纯放弃权利照样履行义务的做法，是可以的。如果企业要求对方提供更少的劳动，同时不能履行支付正常工资的义务，则这种单方放弃权利和义务的做法是有问题的，这种单方变更是无效的。

最后，可以总结为：放弃权利，不放弃义务，可以。放弃权利，放弃义务，不可以。

170. 企业单方面调岗调薪，如何把握调整的合理性？

答：根据《劳动合同法》，企业可以在员工医疗期届满不能从事原工作或员工不能胜任工作时单方面调岗调薪。但企业并不能随意调岗调薪，因为太随意，没有扎实的依据，往往得不到法律的支持。因此，企业单方面调岗调薪时要把握好以下几点：

（1）调整后的工作岗位应尽可能与员工专业、特长、背景相一致；

（2）岗位跨度不能过大；

（3）薪随岗变，薪岗匹配，同工同酬，且有内部规章制度作为依据。

171. 能否要求员工轮岗？

答：很多企业，由于培养员工、优化管理、人才梯队建设或预防腐败等原因，需要对管理人才或关键岗位骨干人才进行轮岗。但如果这种轮岗是强制的、非自愿的安排，则有违反《劳动合同法》之嫌。因此，企业需要在制度中，或在劳动合同中，或在晋升之前提前和员工约定好，比如：

（1）一旦出现什么情况时，企业就可以安排员工轮岗，即员工提前授权给企业，在特定情形下，企业可以这样安排。

（2）约定轮岗的周期，如两年一轮岗或三年一轮岗。

（3）约定轮岗的范围，如在业务岗范围内轮岗，或在管理岗范围内轮岗，或在生产岗范围内轮岗，或其他情形。

（4）约定拒绝轮岗的不利后果。

172. 如何以竞争上岗的方式满足企业变更劳动合同的需求？

答：企业为了优胜劣汰、优化人才结构，常常采取竞争上岗的方式，其结果是调整员工岗位甚至淘汰员工。这种操作其实是有法律风险的，因为在《劳动合同法》中并没有竞争上岗的相关条款作为参考。那么企业该如何操作才能降低风险呢？

一般来说，在实践中，如果企业能证明这种竞争上岗是员工认可的、自愿的，则一般能得到法官的认可。要做到这点，就需要一个规范的操作流程：

（1）制定竞争上岗方案，包括制定该方案的目的和意义，范围及报名条件，实施步骤，竞争成功员工的劳动关系处理以及竞争失败员工的劳动关系处理。

（2）将竞争上岗的方案向员工公示。

（3）员工签字同意以竞争上岗的方式调整工作岗位，并愿意承担竞争结果。

（4）开展竞争上岗活动。

（5）与竞争上新岗位的员工签署《变更劳动合同协议书》。

（6）通知与安排竞争失败的员工。

173. 员工因病假、产假、事假而长时间不能履职，企业能否换人？

答：换人等于单方面调整岗位，从《劳动合同法》来看，用人单位与劳动者协商一致，才可以变更劳动合同约定的内容。因此企业不能单方面调整，但双方可以通过协商的办法调整岗位，从而降低风险。

企业可以把事中事后协商改为事前协商，依照约定条件变更合同。例如，在劳动合同中约定：

“乙方不论因何种原因，如果不能正常履行岗位职责的，乙方知晓并同意甲方采取其他方式满足用工需求。当乙方不能履行岗位职责的时间超过××个月的，乙方同意甲方安排其他员工担任乙方的岗位，当乙方能够正常上班后另行协商重新确定新工作岗位。协商确定新工作岗位期间的第一月的工资，甲方按全额工资支付给乙方，如果协商时间超过一个月的，则从第二个月开始，继续协商，但甲方按照最低工资标准或乙方月工资水平的××%支付给乙方。在协商新工作岗位期间，乙方应正常出勤，服从甲方安排的临时工作。如果未能正常出勤又无甲方的批准，则视为旷工，按照旷工处理。”

174. 多个岗位的工作内容相似，如何灵活变更并符合企业的需要？

答：很多企业在员工的工作安排上有很大的随意性，认为岗位都差不多，工作内容也差不多，就可以随时调派差遣。其实，只要岗位的工作内容有不一样的地方，企业就不能单方面变更，单方面变更劳动合同是违法的。那对于工作内容相似性较大的岗位，企业如何操作，才能灵活变更，并降低风险呢？

（1）将岗位名称统一成一个名称；

（2）将相似岗位的岗位职责都约定在同一岗位下；

（3）在确定岗位职责后，在劳动合同中增加一个“允许企业在××条件下，调整工作内容”的条款。

175. 企业可否在劳动合同中约定“企业根据运营需要有权调整员工的工作岗位”？

答：这样的约定，属于事前协商，但需要注意，根据《劳动合同法》第三条，双方应当遵循合法、公平、平等自愿、协商一致、诚实信用的原则，否则即使双方都签字确认也得不到法律的支持。比如根据公平原则，如果简单这么约定，就可能会被认为显失公平，因为“运营需要”太宽泛了，这等于企业有无限大的权力。

如果企业与员工有这样的约定，并用这条规定来调整员工岗位，员工能积极配合则也达到了管理的目的，但作为 HR 工作者，应该明白这背后是有一定法律风险的。如果遇到不配合的员工，HR 要懂得灵活应用和委婉退让，而不是理直气壮地使用这个条款，最后把员工逼到诉讼的地步，那就是失职了。

176. 连锁式经营企业，如何约定工作地点从而保证用工灵活？

答：在实践中，大多数连锁企业都是劳动密集型企业，其工作内容相对单一并标准化，劳动报酬相对结构化，这些人员跨店、跨区域的流动很频繁，如果就约定只能在某个店工作，则不利于工作的调配，因此需要在工作地点的约定上特别注意，比如事先约定“在比较集中的某个区域内，在岗位、薪酬不变的情况下，员工同意企业进行调动”，或干脆约定“员工同意在××条件下前往××区域内的×××店工作，每次工作的时间最长在××时间内”。

第12章

工伤与病假管理的用工风险

177. 工伤员工的合同，企业能单方面解除吗？

答：《劳动合同法》第四十二条第二项　劳动者有下列情形之一的，用人单位不得依照本法第四十条、第四十一条的规定解除劳动合同：在本单位患职业病或者因工负伤并被确认丧失或者部分丧失劳动能力的。

因此：

（1）如果员工被确认部分或全部丧失劳动能力，则不能按照第四十条和四十一条的理由解除合同。

（2）即使员工因工负伤，但是经过劳动能力鉴定没有任何伤残等级，则可以单方面以第四十条和第四十一条的理由解除合同。

（3）无论有伤残等级与否，企业还可以按照《劳动合同法》第三十六条或第三十九条解除合同。

178. 工伤员工的合同到期，企业能单方面终止吗？

答：《工伤保险条例》第三十七条　职工因工致残被鉴定为七级至十级伤残的，享受以下待遇：

（一）从工伤保险基金按伤残等级支付一次性伤残补助金，标准为：七级伤残为13个月的本人工资，八级伤残为11个月的本人工资，九级伤残为9个月的本人工资，十级伤残为7个月的本人工资。

（二）劳动、聘用合同期满终止，或者职工本人提出解除劳动、聘用合同的，由工伤保险基金支付一次性工伤医疗补助金，由用人单位支付一次性伤残就业补助金。一次性工伤医疗补助金和一次性伤残就业补助金的具体标准由省、自治区、直辖市人民政府规定。

因此，伤残等级在七级到十级的员工合同期满，可以终止。

《工伤保险条例》第三十六条　职工因工致残被鉴定为五级、六级伤残的，享受以下待遇：

（一）从工伤保险基金按伤残等级支付一次性伤残补助金，标准为：五级伤残为18个月的本人工资，六级伤残为16个月的本人工资。

（二）保留与用人单位的劳动关系，由用人单位安排适当工作。难以安排工作的，由用人单位按月发给伤残津贴，标准为：五级伤残为本人工资的70%，六级伤残为本人工资的60%，并由用人单位按照规定为其缴纳应缴纳的各项社会保险费。伤残津贴实际金额低于当地最低工资标准的，由用人单位补足差额。

经工伤职工本人提出，该职工可以与用人单位解除或者终止劳动关系，由工伤保险基金支付一次性工伤医疗补助金，由用人单位支付一次性伤残就业补助金。一次性工伤医疗补助金和一次性伤残就业补助金的具体标准由省、自治区、直辖市人民政府规定。

伤残等级在五级、六级的员工丧失了大部分劳动能力，因此：

（1）用人单位先安排工作，如果能安排工作，则按照新的工作支付工资等待遇；

（2）如果不能安排工作，则单位每月发伤残津贴，因为劳动关系还存续，且要缴纳各种保险，企业无权单方面终止合同，直到退休。

《工伤保险条例》第三十五条　职工因工致残被鉴定为一级至四级伤残的，保留劳动关系，退出工作岗位，享受以下待遇：

（一）从工伤保险基金按伤残等级支付一次性伤残补助金，标准为：一级伤残为27个月的本人工资，二级伤残为25个月的本人工资，三级伤残为23个月的本人工资，四级伤残为21个月的本人工资。

（二）从工伤保险基金按月支付伤残津贴，标准为：一级伤残为本人工资的 90%，二级伤残为本人工资的 85%，三级伤残为本人工资的 80%，四级伤残为本人工资的 75%。伤残津贴实际金额低于当地最低工资标准的，由工伤保险基金补足差额。

（三）工伤职工达到退休年龄并办理退休手续后，停发伤残津贴，按照国家有关规定享受基本养老保险待遇。基本养老保险待遇低于伤残津贴的，由工伤保险基金补足差额。

职工因工致残被鉴定为一级至四级伤残的，由用人单位和职工个人以伤残津贴为基数，缴纳基本医疗保险费。

伤残等级在一级到四级的员工完全丧失了劳动能力，因此：

（1）无条件保留劳动关系，完全退出工作岗位；

（2）企业要缴纳基本医疗保险费，一直到退休；

（3）工伤保险基金发放一次性伤残补助金以及每月发放伤残津贴。

179. 小时工在工作期间出了意外事故，怎么办？

答：小时工在工作期间一旦发生意外事故，受到人身伤害，如果确定为工伤，就可依法享受用人单位此前为其办理的工伤保险待遇。如果有明确的侵权人，小时工可以同时向侵权人进行索赔。

如果用人单位没有为小时工办理工伤保险，小时工受的伤又被确定为工伤，那该怎么办呢？在这种情况下，用人单位需要承担相应的法律责任，为小时工支付相应的费用。

当然，有的企业给小时工购买了意外伤害类商业保险，这也能起到一定的保护作用。

180. 员工自己不遵守操作规程而受的伤害，能算工伤吗？

答：我国的工伤保险实行无过错责任原则，即：在生产工作过程中或法定特殊情况下，发生意外事故使员工负伤、残废或死亡，无论责任归于何方，用人单位均应承担赔偿责任，员工均应依法享受工伤保险待遇。具体规定如下：

（1）工伤保险费由用人单位全额缴纳，职工个人无须缴纳。这是工伤保险与养老保险、失业保险等其他社会保险的显著区别。用人单位按照规定缴纳保险费后，职工工伤的保险责任则转由社会保险机构承担。

（2）职工在工作时间、工作区域因工作原因造成伤亡（包括因工随车外出发生交通事故而造成的伤亡），即使本人有一定的责任（不是主要责任），也应认定为工伤，给予工伤保险待遇。

（3）在法定特殊情况下发生意外事故，比如在上下班的规定时间和必经路线上，发生无本人责任或者非本人主要责任的道路交通事故的，应当认定为工伤。

当然，无过错责任原则不适用于职工因犯罪或违法、自杀或自残、斗殴、酗酒、蓄意违章及法律法规规定的其他情形造成的负伤、致残、死亡，发生这些情况，不应认定为工伤。

另外，认定职工工伤，给予职工工伤保险待遇，并不影响企业按规定对违章操作的职工给予其他处分。

181. 超出工伤保险范围的医疗费，由谁承担？

答：《工伤保险条例》第三十条　职工因工作遭受事故伤害或者患职业病进行治疗，享受工伤医疗待遇。职工治疗工伤应当在签订服务协议的医疗机构就医，情况紧急时可以先到就近的医疗机构急救。治疗工伤所需费用符合工伤保险诊疗项目目录、工伤保险药品目录、工伤保险住院服务标准的，从工伤保险基金支付。

工伤保险范围内的费用由工伤保险机构承担，那范围之外的医疗费呢？最高院《关于审理人身损害赔偿案件适用法律若干问题的解释》第十一条规定：“雇员在从事雇佣活动中遭受人身损害，雇主应当承担赔偿责任。雇佣关系以外的第三人造成雇员人身损害的，赔偿权利人可以请求第三人承担赔偿责任，也可以请求雇主承担赔偿责任。雇主承担赔偿责任后，可以向第三方追偿。”

根据这一规定，若雇员在工伤事故中有医保及工伤保险赔付范围外的医疗费等支出的，可以要求用人单位承担该笔费用。若该事故或损失是由第三方造成的，用人单位在承担赔偿责任后，可向第三方追偿。

182. 退休返聘人员在工作过程中受伤，应按照工伤处理吗？

答：关于退休返聘人员的工伤问题在实践中存在争议。

一种意见认为，退休返聘人员由于超过法律规定的工作年龄，其与用人单位之间的工作关系不属于劳动关系。实践中，用人单位也无法为退休返聘人员缴纳工伤保险。因此，退休返聘人员在工作中受到的工作伤害应当参照国家有关人身损害赔偿的规定，向用人单位要求民事赔偿。相关赔偿项目、赔偿标准及责任认定参见《最高人民法院关于审理人身损害赔偿案件适用法律若干问题的解释》。

另一种意见认为，退休返聘人员的工作伤害应当参照工伤处理，本质上受的就是工伤，就应该参照工伤处理。

在近些年的司法实践中，关于这个问题的观点慢慢趋于统一，即非劳动关系下，一般不被认定为工伤。

当然，各地对退休返聘人员的工伤认定和处理标准并不统一，建议向当地劳动保障行政部门进行咨询。

183. 大学生暑期兼职受伤，能算工伤吗？

答：原劳动部发布的《关于贯彻执行〈中华人民共和国劳动法〉若干问题的意见》第十二条规定：“在校生利用业余时间勤工助学，不视为就业，未建立劳动关系，可以不签订劳动合同。”大学生暑期去做兼职，与用人单位未建立劳动关系，双方不能按照劳动关系的相关法律来处理，因此不能算工伤。工伤是在双方建立劳动关系的前提下，在工作过程中受到伤害，才能被鉴定为工伤。

如果不能按照工伤来处理，那么只能当成民事雇佣关系来处理，只能依照人身损害赔偿的相关法律主张民事赔偿。都是赔偿，二者的主要区别如下：

（1）法律关系不同。人身损害赔偿属于民事侵权的法律范畴，而工伤属于劳动关系的法律范畴。

（2）适用的法律不同。人身损害赔偿适用的法律包括《民法通则》《侵权责任法》《最高人民法院关于人身损害赔偿案件相关法律若干问题的解释》。工伤适用的主要法律包括《社会保险法》《工伤保险条例》。

（3）过错责任不同。人身损害适用过错原则，哪一方的过错多，则多承担赔偿责任；过错少，则少承担赔偿责任。但工伤就不适用这个原则，无论员工一方有没有过错或有多大过错，都能依法享受工伤待遇。

（4）赔偿方不同。人身损害是过错方履行赔偿的义务，或者按过错的比例承担相应的赔偿比例。但在工伤中，社会保险机构承担主要的赔偿责任，或者如果用人单位没有缴纳工伤保险，则用人单位一方承担主要的赔偿责任。

（5）赔偿方式。人身损害赔偿一般都是一次性赔偿解决问题，但工伤区分为不同的伤残等级，有不同的赔偿处理办法，如果是一级到四级伤残等级的，不能一次性赔偿解决。

184. 在企业组织的团体活动中，员工受伤，算工伤吗？

答：在实践中，一些企业组织自驾游，或者篮球比赛等，如果员工受伤，一般容易被认定为工伤，企业需要承担责任。在认定的过程中，关键是这类活动是否是企业行为，如果是企业行为，则容易被认定为工伤。因此：

（1）企业内部要建立规章制度。如果是以企业名义组织的活动，应当进行必要的内部登记、内部领导的书面审核以及公开的告知，并明确规定，如果没有经过这样的审批流程，就一概不是企业出面组织的活动。

（2）如果员工有组织某活动或兴趣小组的需求，则鼓励员工以个人名义去号召和组织，企业不过多参与，这种组织则纯属个人行为。

185. 劳动能力鉴定的参照标准是什么？

答：劳动能力鉴定是工伤保险管理工作的一个重要环节。

劳动能力鉴定是指劳动者因工负伤或非因工负伤以及疾病等原因，导致本人劳动与生活能力受到不同程度的影响，由劳动能力鉴定机构根据用人单位、职工本人或者亲属的申请，组织劳动能力鉴定医学专家，根据国家制定的标准，根据劳动保障的有关政策，运用医学科学技术的方法和手段，确定劳动者劳动功能障碍程度和生活自理障碍程度的一种综合评定的制度。

劳动能力鉴定的标准通常都是法律明确规定的。劳动鉴定和工伤评残的结论是确定职工享受工伤保险待遇和工伤职工安置的主要依据。

186. 医疗期与病假有什么区别和联系？

答：二者的主要区别：

（1）医疗期是法律概念，病假更多是生理上的概念

医疗期，是指企业职工因患病或非因公负伤停止工作治病休息不得解除劳动合同的期限，医疗期的长短有法定标准，主要参考劳动者本人的总的工作年限和本单位的工作年限。病假，是指劳动者本人因患病或非因工负伤，需要停止工作接受治疗的休假，病假的长短需根据劳动者的病情而定。

（2）法定医疗期内不得解除劳动关系，病假期内不一定能解除劳动关系

法律规定医疗期内用人单位不得解除劳动关系。医疗期结束后，不能从事原工作，也不能从事用人单位另行安排的工作的，应当由劳动鉴定委员会参照工伤与职业病致残程度鉴定标准进行劳动能力的鉴定。被鉴定为一级至四级的，应当退出劳动岗位，终止劳动关系，办理退休、退职手续，享受退休、退职待遇；被鉴定为五级至十级的，医疗期内不得解除劳动合同。

而病假期间的劳动关系保护，法律则无另外的规定。一般来说，当劳动者请病假且病假短于医疗期，除劳动者存在《劳动合同法》第三十九条规定之情形，用人单位在这一期间不能解除劳动合同；当劳动者请病假但病假期限已超过医疗期，用人单位方可依法解除劳动合同。

（3）医疗期是法律对劳动者的一种特殊保护，病假则更多属于用人单位用工管理的范畴

实践中，用人单位都会要求请病假的员工提供证明，并由企业行政审核批准。员工基于病情向企业请病假的，也应当遵守用人单位的审批等规章制度，否则可能因违反企业的制度被解除劳动合同。医疗期则不同。医疗期内，除非是员工严重违法违纪，否则用人单位不能基于任何理由解除劳动合同。

二者的相互联系：

医疗期肯定是在病假中，但病假不一定是医疗期内。员工的工资、福利待遇、社保等，医疗期内和病假都是一样的。

187. 医疗期和停工留薪期是一回事吗？ 有何区别？

答：医疗期是指自然患病或非因工负伤停止工作接受治疗，企业不得单方解除劳动合同的期间。停工留薪期是指职工遭受事故伤害，停止工作，接受工伤医疗的期限，包括住院治疗和出院后休养期间。停工留薪期一般不超过 12 个月，伤情严重或者情况特殊，经劳动能力鉴定委员会确认可以延长，但延长期限不得超过 12 个月。二者的区别如表 12-1 所示。

表 12-1　医疗期和停工留薪期的区别

事项	医疗期	停工留薪期
原始原因	自然患病或非因工负伤	因工负伤或患职业病
待遇	和病假期工资一样，很多地方是最低工资的 80%，或参考当地政策	工资照发
期限	根据累计工龄和本企业工作年限确定，特殊大病可以延长至 24 个月	根据伤情决定治疗期限，最长不超过 12 个月。特殊情况，经劳动能力鉴定委员会鉴定后可以再延长，但最多只能延长 12 个月
休假方式	可以断断续续地休假	只能连续休假
合同解除	医疗期满后，可依法终止或解除	劳动能力鉴定为不同伤残级别的，有不同的规定
期满之后的工资待遇	如果仍然要请病假，则按病假期工资计算	如果期满后，仍然要请假治疗，则工资不是照发，而是根据当地政策有不同的待遇

188. 如何决定员工医疗期的长短？

答：总的来说，员工的医疗期要根据总的工龄以及在本单位的工龄来判断，如表 12-2 所示。

表 12-2　员工医疗期的计算方法

工龄	医疗期	医疗期计算周期
连[①]10 年以下，本[②]5 年以下	3 个月	6 个月内累计计算
连 10 年以下，本 5 年以上	6 个月	12 个月内累计计算
连 10 年以上，本 5 年以下	6 个月	12 个月内累计计算
连 10 年以上，本 5 年以上 10 年以下	9 个月	15 个月内累计计算
连 10 年以上，本 10 年以上 15 年以下	12 个月	18 个月内累计计算
连 10 年以上，本 15 年以上 20 年以下	18 个月	24 个月内累计计算
连 10 年以上，本 20 年以上	24 个月	30 个月内累计计算

注：① “连” 是指连续工龄，是累计工作时间；② “本” 是指在本单位的工作时间。

189. 医疗期是否可以延长？

答：如果员工得了特殊疾病，如癌症、精神病、瘫痪等疾病，经企业和劳动部门批准后，可将医疗期最多延长到 24 个月。在司法实践中，其实不需要什么批准，碰到这种情况，企业必须延长。

190. 医疗期未满，但合同到期，能解除合同吗？

答：不能强行解除或到期终止，但可以通过协商的办法解除。比如合同到期时，还剩下 2 个月医疗期，如果企业想解除合同，则可以与员工协商，企业一次性支付剩下的 2 个月工资，这样员工或许会同意解除合同。

191. 如何才算医疗期开始？ 没有得大病，还能有医疗期吗？

答：员工一旦生病，停止工作接受治疗，则医疗期就自然而然开始了。很多人认为：医疗期要得大病才有，或者医疗期要双方签个协议正式宣告一下才算开始，这都是误解。例如，员工得了感冒，要请假去看病和治疗，则医疗期自然就开始了。

192. 如何才算医疗期届满结束？

答：有四种情形可以判定员工的医疗期结束。以3个月医疗期、6个月应休完为例：

（1）在6个自然月内，任何时候，病好了，即医疗期终结。

（2）已连续满3个自然月。

（3）超过3个自然月，但累计休的病假已经满3个月，此时虽然自然月不满6个月，但医疗期也届满了。

（4）断断续续休病假，累计不足3个月，但自然月满6个月。

这里的累计，一般按照自然日历计算。当然，有的地方政府有自己的规定，比如上海。

193. 员工可以有几个医疗期？

答：员工可以有很多次的医疗期。有人认为，如果两次得病把医疗期都用完了，那第三次得病就不能有医疗期了，这是错误的。当然，如果新的病计入前一个病的医疗期内，那只能算一个医疗期。

194. 医疗期届满，员工以病没好为由拒绝上班，应如何处理？

答：《劳动合同法》第四十条第一项　有下列情形之一的，用人单位提前三十日以书面形式通知劳动者本人或者额外支付劳动者一个月工资后，可以解除劳动合同：劳动者患病或者非因工负伤，在规定的医疗期满后不能从事原工作，也不能从事由用人单位另行安排的工作的。

基于上述法律条款，企业可以按照以下步骤处理：

（1）医疗期届满时，通知员工上班；

（2）员工以身体为由拒绝上班；

（3）企业另行安排工作再通知其来上班；

（4）员工继续以身体为由拒绝上班；

（5）企业继续通知其去做劳动能力鉴定；

（6）如果员工同意去鉴定，则安排鉴定，并根据鉴定结果决定下一步行动。如果员工不同意鉴定，则启动解除劳动合同的程序；

（7）走完内部解除合同的审批程序；

（8）解除通知，并支付 N+1 工资。

当然，以上各个步骤，企业应该保留证据。

195. 病假条不合格，能按旷工解除合同吗？

答：大部分企业要求员工的病假条要医院盖章，这样才能证明病假条是真实的。关于这一点，企业可以到相关的就诊医院进行核实，如果这个医院的病假条都不盖章，只是医生签字，那就属于例外。如果核实后，的确证明该病假条是伪造的病假条，则对应于病假条的这些天数就不能算病假，除非员工有别的合理解释，否则企业按照旷工处理应该能得到法律的支持。当然，企业最好有这方面的规章制度进行界定和说明。

但需注意，即使认定为旷工，就能立即解除合同吗？这还要看企业的规章制度是如何规定的，比如，是否要连续达到 3 天或 5 天的旷工天数。

当然，也有的企业认为伪造病假条的行为是欺诈和不诚信的行为，属于严重违纪，企业可以解除劳动合同。

196. 如何管理才能杜绝员工泡病假？

答：员工泡病假是企业的头痛问题，很多企业对这样的员工无可奈何。作为企业的 HR 工作者，必须想办法处理这类问题。

首先，明确可以从哪些角度查证病假本身的真假。

（1）要有严格的病假审批流程。

（2）要求员工提交与看病相关的医疗证据：挂号单，病历本，底方，检查报告，发票，医疗病休证明（病假条）。

（3）让员工在其提交的病假条上签字，表明这是他提交的病假条。

（4）单位去对应的医院鉴别一下该假条是否真实：①根据假条的日期，去医院查看员工是否在该科室挂号，是否有门诊记录，病情是否属实；②找医生询问真实病情，检查报告是什么，结果是什么。

（5）去家访，向员工的配偶或父母了解真实情况。

其次，在企业的制度层面做出规定。

（1）规定病假的审批流程。

（2）规定必须提交的病情证明材料：挂号记录、病历卡、医疗记录、身体检查的相关数据报告、化验单、相关就医费用发票或单据，病假条。

（3）企业有权怀疑病情的真实性，有权到相应的医院进行审核查证，有权要求员工去指定医院进行复查。

（4）员工提供了任何虚假的信息，则属于严重违纪，企业有权解除劳动合同。

（5）员工请病假但无法提供或拒不提供病情证明材料的，企业有权按照旷工处理。

（6）员工有义务配合企业的安排去相关机构做劳动能力鉴定。

最后，企业要重新审视病假待遇是否鼓励了员工泡病假的行为。

（1）在不违反相关法律的前提下，建议病假工资要比正常工资少，只有这样才能降低员工泡病假的动机。

（2）在工资结构上做文章。例如，规定病假期间病假工资为基本工资的××%且不享受全勤奖和业绩奖金。

（3）将出勤与年终奖或季度奖励等挂钩。例如，规定无论何种原因，缺勤超过 1 个月的，其年终奖将自动按比例扣减。

（4）将出勤与岗位任命挂钩。例如，规定无论何种原因缺勤超过 3 个月的，岗位任期结束时，原则上不能继续聘任到当前岗位。

197. 员工患绝症（如癌症、精神病、瘫痪等），劳动合同能否解除？

答：在法定的医疗期内，企业当然不能单方面解除劳动合同，除非员工有《劳动合同法》第三十九条当中的过失性情形，或者双方达成一致意见。

但要注意的是，参照《企业职工患病或非因工负伤医疗期的规定》："患特殊疾病（如癌症、精神病、瘫痪等）的职工，在 24 个月不能痊愈的，经企业和当地劳动部门批准，可以适当延长医疗期"，对于患绝症的员工，其医疗期可能被延长。医疗期延长后，如果仍然不能治愈，不能从事原工作也不能从事另行安排的工作，企业才可以单方面解除合同。

198. 员工患精神类疾病，劳动合同如何解除？

答：对于患有精神类疾病的员工，首先需要医学证明，证明其精神类疾病的存在，以及证明其民事行为能力的状态。如果属实，则属于无民事行为能力或限制民事行为能力的人，此时不能用过错类的原因来解除合同。比如累次旷工 3 天以上属于严重违纪，对于正常的员工来说，就可以以严重违纪而单方面解除合同，但对于一个患有精神类疾病的员工，则不能用此条款来解除其合同，因为该员工没有正常的民事行为能力。

那应如何解除呢？

（1）在与其法定代理人协商一致的情形下，可以解除劳动合同；

（2）医疗期届满后可以非过失性解除劳动合同或经济性裁员。

199. 办公室员工长期看电脑，得了颈椎病，属于职业病吗？

答：职业病，是指企业、事业单位和个体经济组织等用人单位的劳动者在职业活动中，因接触粉尘、放射性物质和其他有毒、有害因素而引起的疾病。职业病的分类和目录，由国务院卫生行政部门会同国务院安全生产监督管理部门、劳动保障行政部门制定、调整并公布。

办公室员工一般都有或轻或重的颈椎病，很多人认为自己得了职业病，但其实不是。一个病是不是职业病，取决于是否满足下面的三个因素：

（1）该病在国家公布的《职业病分类和目录》清单中；

（2）劳动者在工作场所因为接触粉尘、放射物质或其他有毒有害物质导致了该病；

（3）提交工作履历、岗位的职业危害因素描述以及相关体检等资料，由劳动行政部门或当地疾病控制中心 CDC 或专门医疗机构进行职业病诊断，且被诊断为职业病。

第13章

员工出勤与工资管理的用工风险

200. 员工出勤记录有哪些功能?

答：员工出勤记录有以下功能：

（1）缺勤或出勤的依据；

（2）休假的依据；

（3）计算工资的依据；

（4）发放加班费的必要条件（不是充分必要条件）。

201. 周末被要求手机开机，随时待命回复客户问题，算加班吗?

答：这种“待命”是被企业要求的，在相当程度上容易被认定为加班，只是这种加班具有一定或然性。为了更好地平复员工的抱怨情绪，企业最好采取一些有效的措施，比如建立完整的加班审批制度，对于周末的待命给予一定的补贴，或者给予这些人群申请不定时工作制，或者登记这种回复或处理客户问题所花费的时间，改天给予调休处理等。

202. 如何防止额外出勤变成加班?

答：为了防止额外出勤变成加班，企业在员工手册中要明确关于加班的管理要点：

（1）企业不鼓励加班，提倡工作应该在正常工作时间内高效率完成；

（2）如果因为工作需要加班，则需要走加班批准程序；

（3）规定在什么情况下出勤不能算作加班；

（4）如果有加班，那么加班的处理方式是什么，发加班工资还是调休？

（5）调休不完的加班，经过哪些特定的批准程序才能发放加班工资；

（6）任何加班批准都要有两份，一份原件员工自己保存，另一份企业保存。

203. 不定时工时制、综合计算工时制、员工出差等特殊情况下应当如何考勤？

答：考勤管理要点如下：

（一）不定时工时制

（1）不定时工时制，是针对因生产特点、工作性质特殊需要或职责范围的关系，需要连续上班或难以按时上下班，无法适用标准工作时间，或需要机动作业的职工而采用的一种工作时间制度。企业中的高级管理人员、外勤人员、推销人员、部分值班人员和其他因工作无法按标准工作时间衡量的职工，可以实行不定时工作制。

（2）对于不定时工时制的员工，企业可以管理这些员工的工作时间。不定时工时制只是一种工作时间制度，这种工作时间制度并没有改变用人单位与劳动者之间的管理与被管理的隶属管理关系。

（3）企业如何管理这些员工的工作时间？

①让员工提供某项任务的阶段性工作报告、计划完成情况、各项业绩指标报告；

②以“晨会”“午间会”“下班班前会”等方式作为考勤方式。

（二）综合计算工时制

（1）综合计算工时工作制，是指单位以标准工作时间为基础，以一定的期限为周期，综合计算工作时间的工时制度。实行综合计算工时工作制的岗位，企业需报请当地区县劳动保障局批准，未经批准，不能任意扩大范围。

（2）企业按照批准的实际工作时间进行考勤和记录。

（三）员工出差

（1）提前确定出差要完成的任务目标；

（2）必要时，企业可向客户核查员工的出勤情况；

（3）出差费用要进行预算；

（4）定期召开在线会议、电话会议；

（5）定期提供业绩回顾与报表。

204. 不支付加班费的法律风险有哪些？

答：不支付或少支付加班费在企业实践中是经常发生的，久而久之大家都习以为常，不觉得有什么法律风险。其实不然，如果仔细追究，这背后隐藏着各种法律风险。

（1）补发未及时支付的加班工资。

（2）赔偿。《劳动合同法》第八十五条第三项　用人单位有下列情形之一的，由劳动行政部门责令限期支付劳动报酬、加班费或者经济补偿；劳动报酬低于当地最低工资标准的，应当支付其差额部分；逾期不支付的，责令用人单位按应付金额百分之五十以上百分之一百以下的标准向劳动者加付赔偿金：安排加班不支付加班费的。

（3）员工以此为由辞职，企业需要支付经济补偿金。

《劳动合同法》第三十八条第一款第二项　用人单位有下列情形之一的，劳动者可以解除劳动合同：未及时足额支付劳动报酬的。

《劳动合同法》第四十六条第一项　有下列情形之一的，用人单位应当向劳动者支付经济补偿：劳动者依照本法第三十八条规定解除劳动合同的。

（4）可能面临社保缴费基数和公积金缴费基数重新调整的风险。

205. 企业安排员工加班，要符合哪些条件？

答：《劳动法》第四十一条规定，企业安排职工加班加点，应符合以下条件：一是由于生产经营需要；二是必须与工会协商；三是必须与劳动者协商；四是延长工作时间的长度必须符合规定，即每日不得超过1小时，因特殊原因需要延长工作时间的，在保障劳动者身体健康的条件下延长工作时间每日不得超过3小时，但是每月不得超过36小时。

206. 周末出差、开会、培训是否属于加班？一周工作6天但总计工作时间不超过40小时能否计算加班？

答：对于周末出差，如果符合以下情形，则容易被认定为加班：

（1）存在工作的事实，而不只是整天在旅途中坐车；

（2）走完内部批准程序；

（3）与企业内部制度不矛盾；

（4）没有重复支付。例如，企业已经发放针对周末的出差补贴，而员工又申请加班费，则属于重复支付了。

周末开会是否属于加班？如果开会是为了工作，企业受益，而且是企业的安排，则可算作加班。需特别注意的是，这是企业的行为，是企业的一种工作安排，员工没有自主选择权，是被安排的。如果企业没有安排，是员工自己没有完成工作而私自加班，则不容易认定为加班。

周末培训是否属于加班？

（1）企业义务性培训在周六日进行，算作加班；

（2）企业非义务性培训在周六日进行，不算加班。比如一个关于健康知识的讲座，员工可以来可以不来。

一周工作6天但总计工作时间不超过40小时，能否计算为加班？

（1）计算为加班的情形：制度规定并许可员工日工作时间少于8小时，则周六上班需要计算为加班。

（2）不计算为加班的情形：以周为周期综合计算工时制，或周六虽上班，但制度规定把周一至周五低于8小时的时间作为周六上班的调休时间。

207. 中层以上的管理人员是否需要计算加班费？

答：需要支付加班费的条件：执行标准工时制或综合计算工时制。

不需要支付加班费的条件：执行不定时工时制，通常在法定节假日加班有加班费，平时没有加班费。企业高层可以申请不定时工作制，而中层不能申请不定时工作制，因此中层的加班要计算加班费。

208. 企业可以强制员工加班吗？

答：加班一般应当经劳动者同意，而且用人单位安排员工加班，应当支付相应的加班工资。如果员工同意，则可以安排调休。但下列情况下，企业可以强行要求员工加班：

（1）发生自然灾害、事故或者因其他原因，威胁劳动者生命健康和财产安全，需要紧急处理的；

（2）生产设备、交通运输线路、公共设施发生故障，影响生产和公众利益，必须及时抢修的；

（3）法律、行政法规规定的其他情形。

209. 加班可以调休而不支付加班费吗？ 每月可以固定支付加班费吗？

答：加班可以调休的情形：休息日加班，即周六日加班。

加班不可以用调休替代加班费的情形：

（1）延时加班：周一至周五的加班；

（2）法定节假日的加班。

法律没有禁止每月固定支付加班费，但如果做好以下几点，可以降低风险：

（1）约定的工时制度，有规律的固定的加班时间，确定的加班基数；

（2）如果是固定周六或周日加班，因为每个月的加班天数不一样，因此要澄清每月的固定加班费是全年的平均数，每个月按照固定数额支付；

（3）有合法的计算公式。

在实践中，很多企业只是笼统地说月工资中包含了加班费或月工资中的××%是加班工资，这种约定过于模糊，一般被认定为无效的约定。这些约定没有具体说清楚：加班工资的计算基数是什么？加班时间是多少？如何算出来的？额度是多少？

210. 什么情况下，延时加班和法定加班可以调休？

答：《劳动法》第四十四条　有下列情形之一的，用人单位应当按照下列标准支付高于劳动者正常工作时间工资的工资报酬：

（一）安排劳动者延长工作时间的，支付不低于工资的百分之一百五十的工资报酬；

（二）休息日安排劳动者工作又不能安排补休的，支付不低于工资的百分之二百的工资报酬；

（三）法定休假日安排劳动者工作的，支付不低于工资的百分之三百的工资报酬。

该条款解读为：

（1）延长工作时间的加班，不能安排调休，只能支付加班工资；

（2）休息日的加班，可以安排调休，如果不能调休，则可以支付加班工资；

（3）法定节假日，不能安排调休，只能支付加班工资。

如果员工自己要休息呢？法律当然不会禁止。员工自己写一个自愿放弃这些加班费的申请，同时，企业同意给予相同时间的休息。比如周一延时加班 2 小时，周二上午同意休息 2 小时。即员工放弃 2 小时的延时加班工资，企业也不要扣周二上午 2 小时缺勤的工资。

同理，员工申请放弃法定节假日的加班费，企业愿意在某个工作日让员工休息，并视同出勤，也是可以的。

当然这些都应该是员工的申请，而不是企业强制的，否则得不到法律的支持。

211. 加班费的基数能否用基本工资，或能否用当地最低工资标准？

答：加班费的基数能否用员工的基本工资？当基本工资是员工按月支付的固定工资的唯一组成部分时，是可以的。如果不是，则有很大的法律风险。

案例（1）：如果基本工资为 2000 元，月业绩浮动奖金为 1000 元，则加班费的基数能否为 2000 元？答案是可以。

案例（2）：如果基本工资为 2000 元，月固定奖金为 500 元（只是叫奖金，按月发放），则加班费的基数能否为 2000 元？答案是不可以，应该是 2000+500=2500 元。因为 500 元奖金仍然是固定收入的一部分。

案例（3）：如果基本工资为 2000 元，岗位工资为 1000 元，固定的吃饭津贴为 300 元，则加班工资能否为 2000 元？答案是不可以，应该是 2000+1000+300=3300 元。

上述的案例（2）和案例（3），可能会被认定为排除用人单位的义务，限制劳动者的权利。

加班费的基数能否用当地最低工资？如果员工的固定工资≤当地的最低工资，是可以的。如果当月全部固定工资>当地最低工资，就不能以最低工资作为计算加班费的基数。

212. 如何计算加班费的基数？

答：在司法实践中，计算加班费的基数，一般要符合以下条件：

（1）按月作为支付周期，每月都支付；而按照季度、半年或年度支付的，一般不算。

（2）支付的数额固定，如果随着业绩考核而变动的，一般可以不作为加班费的基数。比如常见的基本工资、岗位工资、补贴、津贴算作加班费的基数。至于奖金是否要纳入，就看其是否按月发放和浮动。

（3）加班费基数不能低于最低工资。

213. 在途时间，能算加班时间吗？

答：一般来说，出差的在途时间（即乘坐交通工具及等待的时间）、上下班时间以及为工作而进行的准备时间，都因缺乏特定的工作内容而无法被认定为加班时间，且在大多数情况下，在途时间也是可以休息的。

有些用人单位为了减少这方面的风险，特意规定了加班的审批流程，同时明确规定，这些在途时间不能算作加班时间。

214. 计件工资下，还有加班费吗？

答：参考《劳动部、国家体改委关于加强劳动定额标准工作的意见》，对于计件制员工，在工作时间方面与计时工资员工享有相同的保护。

《工资支付暂行规定》第十三条第二款　实行计件工资的劳动者，在完成计件定额任务后，由用人单位安排延长工作时间的，应根据上述规定的原则，分别按照不低于其本人法定工作时间计件单价的150%、200%、300%支付其工资。

该条款可以解读为：

（1）首先有一个8小时内应该完成的劳动定额。即在标准工作时间内的正常工作环境或条件下，一个普通的熟练的员工应当完成的工作量，比如每天8小时内，完成多少件产品等，这里假设是10件产品。

（2）员工被安排在8小时之外工作。

（3）员工既完成了10件产品，又是延时工作，则延时生产的产品，每件的单价就应该是正常单价的1.5倍、2倍或3倍。

215. 企业实行计件工资（劳动定额）时，需要做好哪些基础管理工作？

答：在实行计件工资时，企业应注意做好以下基础管理工作：

（1）应具备相应条件。在实行计件工资的过程中，企业必须保证达到产品质量标准，不超过物质消耗定额，并使单位产品成本控制在合理范围内。企业管理秩序良好、生产任务饱满，各种定额和统计、验收等基础工作比较妥当，各项统计工作标准化和精细化。

（2）民主协商，合理确定劳动定额。实行计件工资的企业应当按照《劳动法》第三十六条、第三十七条的规定，本着公平和合理的原则确定劳动定额和计件单价，保证员工在法定工作时间内，提供正常的劳动能够完成的劳动定额，对计件单价进行合理的折算，使员工应得劳动报酬不得低于月最低工资。

同时从《劳动合同法》第四条也可以看出，设定劳动定额是关乎员工切身利益的规章制度，应当经职工代表大会或者全体职工讨论，提出方案和意见，与工会或者职工代表平等协商确定。

（3）对于企业的新产品新工艺，要有一定的数据积累、试验和精细计算，并折算出每道工序（或每件产品）的计件单价，在与职工代表大会或工会达成一致意见的情况下，告知每位员工。这样可以进一步规范计件工资制度，切实维护企业和员工的合法权益。

（4）按法律的限制性规定确定员工的加班时间。实行计件工资的员工在完成计件定额任务后，因企业生产经营需要，企业安排延长工作时间加班的，在与工会和员工协商后可以延长工作时间，但在加班时间上，一般每日不得超过 1 小时，因特殊原因需要延长工作时间的，在保障员工身体健康的条件下，每日不得超过 3 小时，每月不得超过 36 小时。

216. 工资必须最迟在次月 15 日之前支付吗?

答：《工资支付暂行规定》第七条　工资必须在用人单位与劳动者约定的日期支付。如遇节假日或休息日，则应提前在最近的工作日支付。工资至少每月支付一次，实行周、日、小时工资制的可按周、日、小时支付工资。

第八条　对完成一次性临时劳动或某项具体工作的劳动者，用人单位应按有关协议或合同规定在其完成劳动任务后即支付工资。

第九条　劳动关系双方依法解除或终止劳动合同时，用人单位应在解除或终止劳动合同时一次付清劳动者工资。

因此，发放工资的时间是依据双方约定的日期发放的，并非次月 15 日。当然有的地方有自己的规定，从其规定即可。

217. 企业需要停产，能强制停工并停止支付劳动报酬吗?

答：《工资支付暂行规定》第十二条　非因劳动者原因造成单位停工、停产在一个工资支付周期内的，用人单位应按劳动合同规定的标准支付劳动者工资。超过一个工资支付周期的，若劳动者提供了正常劳动，则支付给劳动者的劳动报酬不得低于当地的最低工资标准；若劳动者没有提供正常劳动，应按国家有关规定办理（这里的有关规定，可以参照地方政府的规定）。

因此，企业没有业务，可以停产停工，但在工资支付上，有一个过渡期，不能一下子就停了。企业最好与员工提前签订补充协议，或者与工会、职工代表大会协商，将这种情况用书面形式固定下来。

218. 企业在什么情况下可以扣减员工工资？

答：根据法律常识，企业无故克扣工资是违反法律规定的行为。但下列情况下，企业可以扣减工资：

（1）企业需要为员工代缴个人部分社会保险和个人所得税。

（2）法院裁定代扣的抚养费及赡养费。

（3）因事假旷工未能提供正常劳动。

（4）员工给企业造成经济损失。《工资支付暂行规定》第十六条：因劳动者本人原因给用人单位造成经济损失的，用人单位可以按照劳动合同的约定要求其赔偿经济损失。经济损失的赔偿，可从劳动者本人的工资中扣除。但每月扣除的部分不得超过劳动者当月工资的20%。若扣除后的剩余工资部分低于当地月最低工资标准，则按最低工资标准支付。

（5）在病假、三期等期间，按照企业制度或相关法律法规的规定扣除。

（6）不胜任工作岗位，调整岗位后的相应的薪酬调整。

（7）按照企业规章制度，对相关津贴、补贴或其他福利在一定情形下的扣除。

219. 哪类职工适合综合计算工时制？

答：综合计算工时制也称为综合计算工时工作制。是指针对需连续作业或受季节及自然条件限制的部分岗位，以标准工作时间为基础，以一定的期限为周期，综合计算工作时间的工时制度。

实行这种工时制度的用人单位，计算工作时间的周期可以是周、月、季、年，但其平均日工作时间和平均周工作时间应与法定标准工作时间基本相同。

用人单位在保障职工身体健康并充分听取职工意见的基础上，采用集中工作、集中休息、轮休轮调等适当方式，确保职工的休息休假权利和生产、工作任务的完成。

实行综合计算工时制，其工作时间不区分制度工作日与公休日。员工在综合计算工时一个周期内只要总的实际工作时间没有超过法定总的工作时间的，其在公休日工作，不需支付 200%的加班工资。

按劳动部〔1994〕503 号文件规定，可以实行综合计算工时工作制的职工有三种：

（1）交通、铁路、邮电、水运、航空、渔业等行业中因工作性质特殊，需连续作业的职工；

（2）地质及资源勘探、建筑、制盐、旅游等受季节和自然条件限制的行业的部分职工；

（3）其他适合实行综合计算工时工作制的职工。

实行综合计算工时制的岗位，需企业报经当地区县劳动保障局批准，未经批准，不能任意扩大范围。

220. 综合计算工时制和不定时工时制有加班费吗？

答：《工资支付暂行规定》第十三条第三款　经劳动行政部门批准实行综合计算工时工作制的，其综合计算工作时间超过法定标准工作时间的部分，应视为延长工作时间，并应按本规定支付劳动者延长工作时间的工资。实行不定时工时制度的劳动者，不执行上述规定。

因此，综合计算工时制员工的加班费规定如下：

（1）一个周期内实际工作时间（不含法定节假日的加班时间）超过标准工作时间的，按照延时加班的标准支付加班费，即按照 150%支付，支付时间随周期届满的当月工资发放。

（2）在法定节假日加班的，按照300%的标准支付加班费，在法定节假日所在当月发放。

不定时工时制员工的加班费规定如下：

员工在法定节假日上班也要求支付加班费的，则按300%的标准在加班当月支付。其他时间加班，没有任何加班费。

221. 在综合计算工时制度下，员工能请假休息吗？

答：劳动部《关于企业实行不定时工作制和综合计算工时制的审批办法》第六条　对于实行不定时工作制和综合计算工时工作制等其他工作和休息办法的职工，企业应该根据〈中华人民共和国劳动法〉第一章、第四章有关规定，在保障职工身体健康并充分听取职工意见的基础上，采用集中工作、集中休息、轮休调休、弹性工作时间等适当方式，确保职工的休息休假权利和生产、工作任务的完成。

因此，实行综合工时制的员工可以休假。任何生产任务的完成都要保障员工身体健康并听取职工意见，否则无法得到法律的认可。

在实践中，企业应注意以下事项：

（1）及时向所在地劳动部门申请。企业在申请综合计算工时制时，应按照要求提交用工基本情况、综合计算工时岗位安排、工时计算周期、工会反馈意见等材料。

（2）加强管理。企业要对劳动者的上班时间、考勤规范等实际执行情况进行跟踪记录并反馈改进意见，同时也需要注意收集和保存有关材料。在落实的过程中，不断收集员工的反馈意见，不断改进落实的方式方法，而不是一味地逼迫员工或向员工施压。

222. 提成工资制的注意要点有哪些？

答：对于销售人员来说，提成制度是比较科学合理的制度。关于提成工资制，如何激励销售人员同时又能防止相关争议是企业最为关心的问题。为此，企业需要在制定规章制度或订立劳动合同时注意以下事项：

（1）明确提成制度的具体含义及提成计算方式。企业应当在劳动合同中明确约定该员工的薪资计算方式是提成工资制，并明确规定或约定提成基数、提成比例及相应计算方式。例如，提成基数是以销售款为准、折算销售款为准，还是以每笔实际利润为准，提成比例是固定比例提成制、累进比例提成制，还是固定额度提成制、浮动额度提成制，计算方式是简单的基数乘以比例还是基数加权乘以比例，等等。

（2）明确提成给付时间和给付方式。给付时间可以是“约到提成”，即凭销售合同申请给付提成，也可以是“款到提成”，即凭财务到账记录领取提成。给付方式可以是现金给付、支票给付，或者预先在月薪中给付，或者按实际销售时间给付。

（3）明确不能达到基准提成指标时的薪资待遇。在采取提成制度时，企业往往会规定一个最低提成销售额，即员工必须完成此最低指标方可申请提成。但此时应注意，不能将员工实得的基础薪资约定为零。在员工提供了正常劳动的情况下，即使该员工没有任何销售业绩或者销售业绩未达标，企业也需要支付工资，且不低于当地最低工资标准。当然，企业可以通过提成工资季度内平衡、提成底薪最低工资保底等方式予以调整。

223. 最低工资究竟包括哪些劳动报酬？

答：最低工资，是指劳动者在法定工作时间或依法签订的劳动合同约定的工作时间内提供了正常劳动的前提下，用人单位依法应当支付的最低劳动报酬。最低工资具有下列特点：

（1）超时工作所得的加班工资不能纳入最低工资标准。

（2）在一些特殊岗位上（即非正常情况）提供劳动所获得的津贴不能纳入最低工资标准，如中班、夜班、高温、低温、井下、有毒有害等特殊津贴。

（3）一些非劳动所得（福利）不能纳入最低工资标准。比如中秋节的月饼卡、住宿补贴、租房补贴等，这些与劳动无关。

（4）劳动者提供了正常的劳动，出满勤，则不管单位是否认定其能力和业绩达标，都应该支付达到最低工资标准的劳动报酬。有的地区把社保和公积金等个人应该扣缴的部分计入最低工资，有的地区则没有此类规定，因此企业应该参考当地的政策。

224. 缺勤还能享受最低工资标准吗？

答：劳动者缺勤可以分为三种情形：

一是劳动者行使法定的休息休假权利而缺勤或者因依法参加社会活动而缺勤，如劳动者休年休假、婚假、丧假、参加选举、出任人民法院证人等，此时视同正常出勤，用人单位应当正常支付工资。

二是劳动者因个人原因缺勤，如旷工、事假等，此时用人单位可以不支付工资，如果因此导致劳动者月工资低于最低工资标准的亦属合法。

三是劳动者因病缺勤，这是因个人原因缺勤，此时适应的是病假工资，故病假工资标准可以适度低于最低工资标准。一般规定病假工资不得低于最低工资标准的80%，当然有的地方政策不同，需参考当地政策。

225. 标准工时制下，如何弹性用工？

答：标准工时制是我们最熟悉的工时。我国法律规定：每天（即一个昼夜）工作不得超过8小时，每周工作时间不得超过40小时，每周休息两天。标准工时制下，弹性用工的方法有两种。

方法一：

（1）先确定核心工作时间段，这段时间是所有员工都必须在岗的时间，如：9：30至11：30，14：00至16：30。

（2）在核心工作时间的两头，就是员工可以弹性延长的工作时间，员工自己选择上下班时间。

（3）控制当日工作时间总额，即：核心工作时间+员工在核心时间段两端延长的时间=8小时。

方法二：

（1）在0：00至24：00之间，根据生产特点随意确定时间段，如：

早 8：00 到晚 4：00 为早班，晚 4：00 到晚 12：00 为中班，晚 12：00 到次日 8：00 为晚班。

（2）每周总的工作时间在 40 小时内，如果员工主动放弃周六的加班工资，则同意其在其他工作日调休。

226. 午饭时间能否算作工作时间？

答：符合下列情形的，午饭时间容易被视为工作时间：

（1）员工的就餐地点就在工位上；

（2）中午就餐时间员工不能自由离开工作岗位，否则影响工作进展；

（3）吃饭的同时要兼顾一些工作。比如，要一边吃饭，一边盯着仪表或机器的运转，要监控工作的进展状况等。

符合下列情形的，午饭时间不容易被视为工作时间：

（1）在非工作场地或离开工位的地方就餐；

（2）吃饭时无须兼顾工作。

227. 事假 1 天，扣多少工资？

答：不管哪个月，请一天事假，扣的工资都是 = 月工资 ÷ 21.75，而不是月工资/当月应出勤天数。

228. 企业该如何管理事假？

答：一般来说，企业制定事假制度时要考虑下列情况：

（1）要求员工提供事假的理由。如果必要，可以要求员工提供相关的证明，以免员工撒谎或不拿事假当回事。

（2）必须按照流程请假。如果很随意，只是一个短信或口头说一声就请假，企业可以拒绝。如果员工拒绝按照流程请假，或拒绝提供理由和证据的，企业可以不予准假。

（3）即使员工有任何看上去合理的理由，企业都有权力不批准事假。

（4）未经批准而擅自休事假，一律按照旷工处理。

（5）请事假员工的全勤奖、××奖停发。

（6）事假一年累计不能超过××天。

（7）×天以上的事假需经部门经理批准，×天以上的事假需经总监批准。

229. 员工请年假，能否不批准？

答：当员工呈交年假申请时，企业是批还是不批？法律没有直接规定什么情形下要批准，什么情形下可以不批准。一般来说，企业如果做到以下这些，则可以就某次年假不予批准：

（1）在自然年度内，企业已经安排了员工年休假，员工自己不愿意休。

（2）请年假的时候，正是企业繁忙的季节，可以不批准年假。同时企业的制度中也明确规定了在业务繁忙的季节原则上不同意休年假。

（3）年假如果过期了，可以延期补休。

但当企业面临下列情况时，如果不批准年假，可能会有法律风险：

（1）快到年底了，年假马上过期了。

（2）企业从来不主动安排员工休假。

（3）企业对于过期的年假按照自动作废处理。

（4）不批准，但又没有任何理由，只是不批。

（5）以前年假没有批准，这是第二次申请，甚至是第N次申请。

230. 新进员工，可以休多少天年假？

答：根据《职工带薪年休假条例》，职工累计工作已满1年不满10年的，年休假5天；已满10年不满20年的，年休假10天；已满20年的，年休假15天。国家法定休假日、休息日不计入年休假的假期。

根据《企业职工带薪年休假实施办法》，职工新进用人单位且符合本办法第三条规定的，当年度年休假天数，按照在本单位剩余日历天数折算确定，折算后不足1整天的部分不享受年休假。

具体的折算方法为：（当年度在本单位剩余日历天数÷365 天）×职工本人全年应当享受的年休假天数。

231. 所有员工都有探亲假吗？

答：根据《国务院关于职工探亲待遇的规定》，享受职工探亲假的条件是：凡是在国家机关、人民团体和全民所有制企业、事业单位工作满一年的职工，与配偶不在一起，又不能在公休假日团聚的，可以享受探望配偶的待遇；与父母不在一起，又不能在公休假日团聚的，可以享受探望父母的待遇。

因此，我们大多数的其他类型的企业或组织，其员工不能适应这个条款，没有探亲假。

232. 单位能否把员工当年的年假调整到下一个年度？

答：《职工带薪年休假条例》第九条　用人单位根据生产、工作的具体情况，并考虑职工本人意愿，统筹安排年休假。用人单位确因工作需要不能安排职工年休假或者跨 1 个年度安排年休假的，应征得职工本人同意。

因此，单位应该征求员工的意见，不能擅自做主。

233. 年假的日工资标准是“基本工资/21.75”吗？

答：《职工带薪年休假条例》第十一条　计算未休年休假工资报酬的日工资收入按照职工本人的月工资除以月计薪天数（21.75 天）进行折算。前款所称月工资是指职工在用人单位支付其未休年休假工资报酬前 12 个月剔除加班工资后的月平均工资。在本用人单位工作时间不满 12 个月的，按实际月份计算月平均工资。

因此，年休假的日工资=（休假前 12 个月收入之和−前 12 个月的加班工资）÷12÷21.75。如果不满 12 个月的，按照实际月份计算。

234. 产前检查每次是半天还是一天？

答：《女职工劳动保护特别规定》第六条　女职工在孕期不能适应原劳动的，用人单位应当根据医疗机构的证明，予以减轻劳动量或者安排其他能够适应的劳动。对怀孕7个月以上的女职工，用人单位不得延长劳动时间或者安排夜班劳动，并应当在劳动时间内安排一定的休息时间。怀孕女职工在劳动时间内进行产前检查，所需时间计入劳动时间。

因此，法律并没有具体说明每次产检可以允许多少时间。从合理性的角度考虑，只要女职工能够证明其缺勤的时间是用在产前检查中，就应当作为出勤对待。所以，可以要求女职工提交实际花费时间的证明。一些合理时间（如在途、等待及检查等项目所耗时间）为出勤，之外的时间则自然按事假或病假处理。

第14章

绩效考核管理的用工风险

235. 在什么情况下，考核结果得不到法律支持？

答：大部分企业都会实行绩效考核，并且用考核结果与员工相关利益挂钩，比如发放奖金、晋升、调岗甚至淘汰。与奖金和晋升挂钩，员工当然不会有意见，但如果把考核结果与调岗甚至淘汰挂钩，员工容易有不同意见并诉诸法律，此时仲裁庭或法院若不认可企业的考核结果，则企业将承担不利的法律后果。那么什么情况下，法官会不认同企业的考核结果呢？

（1）考核的内容不是合同中双方约定的工作内容。

（2）无客观的数据或事实支持的考核结果，而是完全靠主观评价的考核结果，比如“工作责任心不强，缺乏团队精神，不能有效配合班组开展工作”。

（3）员工没有参与，比如考核方案、目标设置、数据收集、打分评价以及考核等级结果确定等，都没有员工参与，而是由员工的上级或企业一手策划。

236. 在什么情况下，考核结果更能得到法律支持？

答：如果满足下面的条件，则更容易得到法律的支持：

（1）绩效考核方案符合三性原则（合法性、民主性、公示性）。

（2）员工的考核内容以及指标符合劳动合同的约定。

（3）员工参与了某考核周期的具体针对他/她的考核方案的设计，比如考核目标的订立、需要的资源支持、具体行动计划、数据收集的方式等。

（4）员工参与了目标执行的全过程，比如中间的目标回顾、数据的收集、需要的改进措施。

（5）员工自己也根据收集的数据，参与了对自己的考核结果及等级的评价。

（6）最终考核结果已经通知员工，且最好有员工的签字确认（注意：签字确认不等于员工认可，最好有员工认可的意思表示）。

（7）如果员工不服，允许其根据考核制度，走正常的申诉程序。

（8）企业根据申诉发起调查和重新回顾，并把最终裁判结果再次告知了员工。

237. 企业应该建立什么样的绩效考核申诉制度？

答：企业为什么要建立绩效考核的申诉制度？原因如下：

（1）申诉制度本身是考核制度的一部分，也使考核制度自身更加完善。

（2）为实现公开、公正、合理而设定的特殊程序。

（3）给某些不能接受考核结果的员工一次重新审视其结果的机会，从而再次用放大镜就某个个案进行更细致的判断，得到更客观的结论。

（4）让员工有机会“鸣冤”，也使企业更有机会听到员工真实的声音。

（5）使直线经理在给出考核结果时，更认真谨慎和负责任。

（6）经过申诉后的结论更容易得到法律的认可，更容易被员工认可。

申诉制度的要点包含：

（1）申诉时效：得知考核结果的5个工作日之内。

（2）申诉机构：人力资源部或其他考核机构。

（3）申诉应提交的资料：申诉申请书（申诉理由）和相关证据。

（4）审查委员会：接受申诉受理及审查的主要组织。

（5）审查结果通知及后果告知。

（6）过期不申诉的后果，比如约定“过期不申诉视为员工认可，考核结果自动生效”。

238. 如何操作，才能使考核的主观评价也得到法律认可？

答：在大部分实践中，用客观数据的考核结果更有说服力。但有的时候，的确也需要主观评价员工的表现，那么如何操作才能更容易得到法律的认可呢？

（1）多维度且有细化的客观行为描述。例如，团队合作、执行力、进取心这三个软性的评价要素，可以进行细化的行为描述，如表 14-1 所示。

表 14-1　评价要素的行为描述

团队合作	（1 分）主动融入 ①主动融入团队，乐于接受同事的帮助； ②与团队成员分享有用的信息和资源	（2 分）坦诚交流 ①会议决策前积极发表建设性意见，参与团队讨论；决策后，无论个人是否有异议，从言行上完全支持团队决策； ②对不同的观点，能持开放的心态，没有心理防卫，能做出正面解释； ③尊重并愿意倾听他人的专业意见	（3 分）鼓励合作 ①在危机或关键时刻，主动站出来提供支援与配合； ②尊重和欣赏每个人为团队所做的努力和贡献； ③积极参与建立和守护团队共同的行为标准和价值观
执行力	（1 分）明确目标 ①有清晰的目标； ②对目标执行情况进行跟踪	（2 分）目标分解 ①充分思考实现目标的策略，有详细的行动计划； ②评估实现目标需要的各种资源，做出资源配置的可行性方案； ③定期检查跟踪，及时采取必要措施纠偏	（3 分）灵活应对 ①事先预测可能遇到的风险和不确定挑战，并有备选方案； ②用特定工具或方法对执行结果进行密切监控，持续评估工作中可能存在影响结果的风险，随时准备应对各种障碍和问题，提前制定应对方案，确保能保质保量完成目标
进取心	（1 分）表达意愿 ①有把工作做好的愿望和想法； ②对工作时间的浪费或者低效率，会感到不满和沮丧	（2 分）心中有目标 ①有明确的目标和完成目标的具体策略； ②对现有的工作方法进行不断改进，以提高工作效率	（3 分）设定进步标准 不安于现状，主动制定超越自己、不断进步的具体衡量标准（比如：立志做到排名前三），并为此付出比同伴多很多的努力

（2）针对评价要素，对员工进行主观评价，写出员工某行为的真实事

例（正面或负面的行为事例）来佐证这种打分评价。

（3）评价程序完备并严格实施。

①员工参与了方案的设计；

②员工参与了评价过程，也参与了打分评价；

③评价过程的资料保存完好；

④把最后的考核结果告知员工，且保存好；

⑤有效的申诉制度。

239. 业绩考核结果可以与员工哪些利益挂钩？

答：业绩考核结果可以与以下员工利益挂钩：

（1）证明员工不能胜任岗位；

（2）调整员工岗位；

（3）奖金发放与否，发放多少；

（4）工资调整与否，调整多少；

（5）津贴（饭贴、通信补贴、交通补贴）发放与否，发放多少；

（6）岗位晋升或降级；

（7）岗位聘任与否；

（8）接受专业培训与否。

240. 利用业绩考核解除合同，需要具备哪些条件？

答：根据《劳动合同法》第四十条第二项，企业需要具备三个条件才能解除合同，这三个条件是：

（1）第一次不能胜任工作；

（2）培训或调岗；

（3）第二次不能胜任工作。

证明不胜任工作的要点：

（1）完不成工作任务；

（2）达不到同岗位其他员工能够达到的最低标准；

（3）能力与岗位不相匹配；

（4）一个完整的制度，在考核等级与不胜任之间建立对应关系，即在什么情况下才能视为不胜任。

培训的要点：

（1）与提高业务水平和业绩水平相关的培训；

（2）要有培训记录与员工签名。

调岗的要点：

（1）新岗位的要求和员工的工作经验相近；

（2）跨度不能太大；

（3）岗位性质相似。

241. 绩效协议包含哪些内容？

答：绩效协议是双方约定的绩效考核的标准，也是利用绩效结果的法律依据。绩效协议包含以下内容：

（1）签订的时间：每个绩效考核周期开始前；

（2）考核的指标：围绕岗位职责或劳动合同中约定的工作内容展开；

（3）考核的标准：每项指标如何打分；

（4）绩效协议的主体签字盖章：企业盖章和具体某员工的签字；

（5）考核时间及方式；

（6）考核结果的处理方式。

242. 如何设计《绩效通知函》？

答：设计《绩效通知函》的要点包括：

（1）通知书名称及主送人。

（2）通知内容："依据双方签订的考核协议，经过××××（简要描述考核过程）的考核，你的××年度的考核结果为：××。"

（3）异议期："在你收到通知后，若对考核结果有异议，请在 5 日内向人力资源部的×××提出异议申请，期满未提出异议的，视为你认同考核结果。若提出异议的，请说明理由并提供依据。”

（4）单位签章，××××年××月××日。

（5）员工签收回执栏。

243. 针对业绩不合格的员工，企业有哪些合理合法的处理方案？

答：对业绩不合格的员工，企业可以通过以下四种方式进行员工的绩效改进和处理。

（1）对初次考核不合格的员工进行岗位调整。对不能胜任工作的员工进行岗位调整是企业依法享有的权利，但企业在行使权利时应当注意：首先，岗位调整应当合理，与员工原工作有相似性。其次，企业应当完善劳动合同和规章制度，对员工拒绝调整的行为予以合法应对。企业应事先有约定，管理员工的期望。

（2）对初次考核不合格的员工进行培训。对不合格的员工，如果企业没有其他岗位可以调整，也可以通过培训的方式予以绩效改进。培训应当注意三个方面：首先，培训内容应当与提高员工工作能力有关。培训的目的是让员工发现自己的不足并了解改进的途径，因此培训的内容应当有针对性。其次，培训的形式和待遇应当事先约定或通过规章制度规定。培训的形式包括在岗培训和离岗培训。培训形式一般可以由企业自行选择，但培训期间待遇如有变化则需要企业和员工协商。最后，培训应当保留培训档案或培训确认书。这些培训文档的记录是企业履行培训程序的有效证据。

（3）在对初次考核不合格员工进行调岗或培训以后，员工仍然考核不合格的，企业可以单方面解除劳动合同，但应在提前30天通知和支付经济补偿金的前提下解除劳动合同。

（4）企业还可以采取协商解除、合同变更、薪酬调整、合同终止等多种方式，对初次考核不合格的员工进行处理。例如，企业可以与不能胜任工作的员工进行协商，在员工自愿的前提下，解除劳动合同并支付经济补偿金；企业也可以与员工协商，通过变更合同等方式将员工的薪酬和合同期限进行变更。

244. 绩效档案应如何保存?

答：绩效档案一般包含以下内容：

（1）双方签订的关于工作内容的协议，比如职位说明书等；

（2）企业的绩效考核制度；

（3）与员工签订的关于绩效与个人利益挂钩的协议，以及每个考核周期的绩效协议；

（4）绩效考核过程中的所有相关资料，比如业绩指标数据、各方的评价或第三方审核资料、面谈记录、改进协议或记录；

（5）绩效结果通知资料；

（6）员工申诉资料以及申诉后裁判的结果资料。

那么，绩效档案应如何保存呢?

（1）以书面资料的形式保存；

（2）如果是在 OA 系统中完成的考核，也最好打印成纸质资料签字后保存；

（3）一人一档进行保存；

（4）保存期限：至少两年。

245. 员工不签字的考核结果有法律效力吗?

答：考核实务中，很多人认为如果员工不签字确认，那么这个考核结果就不具备法律效力。

绩效考核实际上是企业自主经营管理权的体现，除非企业的绩效考核制度违反法律规定或严重违反公平原则，否则劳动行政部门一般不予以干预。所以，在绩效考核流程管理中，员工对考核结果进行确认签字更好，但如果员工不签字，其实也不一定影响考核结果的有效性和法律效力。员工即便不愿意确认，只要考核制度是合法并且客观公平的，考核结果从告知员工或公示之日起即发生效力。

第15章

员工违纪管理的用工风险

246. 企业可以对员工实施罚款吗?

答:《企业职工奖罚条例》第十六条规定企业可以对员工罚款,但该条例已于 2008 年 1 月 15 日被废止,因此现在的主流观点是企业不可以对员工实施罚款性的处罚。

既然不能直接罚款,那么如果员工违纪,有别的办法处罚吗?

思路一:扣减奖金

(1) 设置各种奖金,比如全勤奖、月奖、季奖、半年奖、年奖;

(2) 将员工平日违反纪律的情况作为扣减奖金的依据,比如每迟到一次,扣减 50 元全勤奖;每违纪一次,扣减季度奖金 200 元;一旦严重违纪,扣除全部奖金。

思路二:将员工的违纪行为与其他利益挂钩:

(1) 作为是否胜任工作的评判标准;

(2) 作为是否符合录用条件的标准;

(3) 作为是否晋升、轮岗、培训等的条件;

(4) 作为是否续签合同的判断标准;

(5) 作为是否发放某些津贴或福利的标准。

思路三:在制度中规定:如果员工违纪,则在工资中逐步扣除其违纪行为造成的直接经济损失。

247. 企业可以对员工进行类似警告、记过等纪律处分吗？

答：《劳动合同法》中没有类似警告、记过等可以对员工违纪实施的处罚规定。所以，企业对员工的类似警告、记过等纪律处分都视为企业内部的管理，是企业行使自主管理权的体现，因此企业可以自己定义符合企业实际情况的纪律处罚规定。

这里应注意的是：涉及可能变更劳动合同的相关条款的违纪处分措施，要依照《劳动合同法》或《劳动法》等法律法规来处理。那么如何将纪律处分的类型与《劳动合同法》建立关联呢？企业可以这样操作：

（1）将纪律处分的类型分为：警告，记过，记大过，严重违纪并解除劳动合同。

（2）纪律处分针对不同的违纪情形：

①警告：轻微违纪行为；

②记过：一般违纪行为；

③记大过：一般严重行为；

④严重违纪：严重违反了相关规章制度的行为。

（3）前三种完全是企业内部给予的处分，而最后一个套用《劳动合同法》第三十九条第二项作为法律依据。注意：每种处罚，如果要实质上单方面改变劳动合同的相关条款，则需要特别谨慎。

248. 企业对员工实施处罚有哪些主要步骤？

答：警告记过类的处罚有以下实施步骤：

（1）取证，固定证据；

（2）与直线经理一起探讨，并做出处罚决定；

（3）找员工谈话，并把处罚决定送达给员工，签名回执；

（4）保存到员工个人的档案袋里；

（5）如果有赔偿，则在工资中做相应的扣除。

解除合同类的处罚有以下实施步骤：

（1）取证，固定证据；

（2）与直线经理一起探讨，并做出最终解除合同的决定；

（3）通知工会（如有），并走完必要的审批程序；

（4）找员工谈话，并把处罚决定送达给员工，签名回执；

（5）办理离职交接手续；

（6）停止社保，在工资中扣除相关的赔偿（如有）。

249. 如何处理小错不断的员工？

答：如果员工犯下一个大错误，或许可以直接套用条款解除合同，但问题是有的员工小错不断大错不犯。那么，对于这种员工该如何处理呢？

（1）设计不断升级的处罚：警告，记过，严重违纪（等于解除合同）。例如，1年内，第一次出现警告的行为就警告，第二次及以后出现警告的行为就记过，第一次出现记过的行为就记过，第二次及以后出现记过的行为就算严重违纪。

（2）设置以下等式让员工一目了然：

①警告+警告+警告=严重违纪=解除合同；

②警告+记过=严重违纪=解除合同；

③记过+记过=严重违纪=解除合同。

（3）升级处罚周期，比如“1年内”改为“2年内”，或在劳动关系存续期间，从第一次被纪律处分起N年之内。

250. 员工收受贿赂，应如何处理？

答：大致思路如下：

（1）制度上进行规定，凡是有收受贿赂或回扣的行为都按照严重违纪处理；

（2）建立举报热线，鼓励举报这种违法的行为，并对举报人实施奖励；

（3）一旦有举报或线索，立即启动调查；

（4）如果必要，可以举报到司法机关，司法机关有侦查权，且更专业；

（5）劝退；

（6）如果不肯辞职，则等待司法调查，一旦有清晰的事实依据，则单方面解除合同。

251. 员工诋毁企业，应如何应对?

答：应对办法如下：

（1）制度上明确规定：诋毁企业，或毁坏企业声誉的行为，属于违纪或严重违纪。

（2）掌握员工诋毁企业的方式和渠道。

（3）固定员工诋毁企业的证据。固定证据的方式包括报警、公证、录音或其他证据。切记：企业不要自己封存员工的电脑，因为一旦这样做，员工可以认为企业私自改变了电脑里面的内容或证据。

（4）依据取得的证据劝退或单方面解除合同。

252. 企业的差旅报销制度如何设计，才能减少管理风险?

答：差旅报销制度的设计要点包括：

（1）任何差旅要事前申请，说明地点、时间区间、事由、要达到的目的、差旅费用预算；

（2）出差申请需要至少获得两级或某级别领导的批准；

（3）规定：差旅过程中什么费用可以报销，什么费用不能报销；

（4）不同的费用类型（交通费、住宿费、餐费等）有明确的不同级别人员可以报销的上限标准；

（5）强调票据和发票的真实性与一致性；

（6）出现虚假报销的处理原则；

（7）保留再次抽查审核的权利。即使报销完毕，企业之后还将对过往已经审核的票据进行抽查审核，一旦发现有虚假发票或信息，员工一样要接受处罚，同时追查上级领导的责任。

253. 员工 2 年前的违纪还可以处罚吗？

答：员工违纪有无追诉时效？国家并无关于企业内部违纪追诉期的具体规定，因此企业可以自己做出相关规定。

第一类规定：在 1 年或 N 年内没有发现员工违纪的，不再追诉。

第二类规定：在劳动关系存续期间，企业都保留追诉的权利。

第三类规定：满足下列条件之一并由相关领导批准后可以放弃追诉：

（1）连续 2 年表现优秀，成为全体员工某方面的模范；

（2）连续 4 个季度的业绩考核中，考核等级在优良等级以上；

（3）属于企业业务急需的人才；

（4）属于某项目急需的人才；

（5）经过部门总监提名并被批准的其他关键人才。

此外，有刑事犯罪的，其追诉期限服从国家的相关法律，不适合上述规定。

254. 掌握商业秘密的员工违纪，应如何处理？

答：掌握商业秘密的员工一旦违纪，在处理时一定要谨慎，以免因此导致商业秘密泄露。

（1）秘密取证。保留其违纪的相关证据，切忌打草惊蛇。

（2）脱密。在公开处理该员工之前，对其接触的保密信息进行隔离处理，使其进入脱密期，比如调整工作内容、调换工作岗位、对某些特别重要的信息秘密修改或加码处理，使该员工不能接触这些信息。

（3）风险分析。经过脱密期后，分析可能遇到的风险，并做好处理各种风险的应对预案。

（4）做出处理决定，并走完相关的批准程序。

（5）协商或单方面解除合同，且通知该员工有继续保密的义务。

（6）办理离职手续和交接。

255. 竞业限制的员工违纪，应如何处理？

答：从法律上看，二者没有直接的关联关系，但竞业限制的员工一般都是知悉企业商业秘密的员工。因此，在处理这些人的时候，要考虑商业秘密泄露的风险。所以对竞业限制员工的违纪处理和上一条相似，唯一的不同是增加一条：如果需要员工继续履行竞业限制，则按照协议按月支付补偿。

256. 违纪处罚单怎样写？

答：只要涉及违纪处理，就会有违纪处罚单，那么违纪处罚单怎样写呢？

（1）行为或事实描述：违纪行为或违纪事实的客观描述；

（2）法律依据：该违纪行为或事实违反了法律或制度中的哪一条；

（3）处罚结果：书面警告、记过等，以及可能的奖金扣减；

（4）违纪处罚的生效时间；

（5）各级领导审批的程序；

（6）面谈记录与员工的意见和签名。

257. 被企业给予警告处分，员工不服，可以申请仲裁吗？

答：《劳动争议调解仲裁法》第二条　中华人民共和国境内的用人单位与劳动者发生的下列劳动争议，适用本法：

（一）因确认劳动关系发生的争议；

（二）因订立、履行、变更、解除和终止劳动合同发生的争议；

（三）因除名、辞退和辞职、离职发生的争议；

（四）因工作时间、休息休假、社会保险、福利、培训以及劳动保护发生的争议；

（五）因劳动报酬、工伤医疗费、经济补偿或者赔偿金等发生的争议；

（六）法律、法规规定的其他劳动争议。

从该条款看出，员工被给予警告处分不属于上述受理范畴，而是企业内部管理的事情，是企业行使自主管理权的体现，此时仲裁庭一般不予受理。

258. 员工严重失职造成重大损害，单位可以解除劳动合同吗?

答:《劳动合同法》第三十九条第三项　严重失职，营私舞弊，给用人单位造成重大损害的，用人单位可以解除劳动合同。

这里的关键是“重大损害”。单位应通过规章制度进行量化，比如直接经济损失达到××万元则为“重大损害”，只有这样，才可以“重大损害”解除劳动合同。否则，一旦劳动者持有异议，仲裁机构或法院可能会因无相关依据而导致对损害程度产生不同的判断，最终影响裁判。

259. 如何界定“重大损失”?

答：在界定重大损失时，尽量量化、细化，或明确界定某个事件。比如:

（1）以具体的金钱数额为标准;

（2）以是否造成停产停业为标准;

（3）以造成停产时间为标准;

（4）以造成客户的重大投诉为标准;

（5）以导致企业违约为标准;

（6）以造成声誉损失、带来负面影响为标准;

（7）以推迟产品上市时间为标准。

260. 如何界定员工“严重违纪”?

答:《劳动合同法》第三十九条第二项　劳动者有下列情形之一的，用人单位可以解除劳动合同：严重违反用人单位的规章制度的。

《劳动合同法》或相关的法律法规都没有明确定义何谓“严重违纪”，所以企业需要根据自己的实际情况进行定义。

常见的严重违纪如下：

（1）工作时间醉酒；

（2）场内工作驾车时接听或者拨打手机；

（3）未经批准使用企业公章；

（4）在个人档案中提供虚假信息；

（5）在费用报销中使用虚假、伪造发票；

（6）窃取企业财物或破坏他人财产。

严重违纪的描述尽量不要用修饰词，否则不容易衡量，如表 15－1 所示。

表 15-1　严重违纪的描述

不容易衡量的描述	容易衡量的描述
给企业造成重大损失的	给企业造成 20000 元的直接经济损失
故意不按照流程操作的	不按流程操作的
故意在禁烟区抽烟的	在禁烟区抽烟的
报表中提供了大量的虚假信息的	报表中提供了虚假信息的
有意造谣生事的	造谣生事的

此外，罗列严重违纪行为时，注意用顿号而不是逗号，用“或”而不是“和”。

比如下面两组表述中，显然第二种是正确的。

A1：“传播毒品，使用毒品，贩卖非法毒品和贩卖酒精制品的”。

A2：“传播毒品、使用毒品、贩卖非法毒品或贩卖酒精制品的”。

B1：“在工作区域打架斗殴，聚众赌博和制造其他事端的”。

B2：“在工作区域打架斗殴、聚众赌博或制造其他事端的”。

261. 员工开企业的车造成车祸，企业能否解除劳动合同并要求其赔偿损失?

答：员工作为企业的司机，有责任安全驾驶。在我们判断是否能够直接解除其劳动合同时，要看其过错的行为和过错责任的程度。如果员工一方是主要责任或同等责任，则企业更有理由要求该员工承担相应赔偿责任，并按照规章制度中基于重大疏忽的严重违纪而解除合同。但如果该员工在这次车祸中仅为次要责任或根本就没有责任，则不能因为车祸就必须惩罚司机。

司机没有过错而受到处罚，得不到法律支持，就像工人按照正常的操作流程操作，但机器突然出故障导致重大损失，虽然有重大损失，但这种损失不是操作工人的过错，就不能以此为由解雇操作工人。两者的处理思路是一样的。

262. 员工与批发商合伙虚报几万元费用，应如何处理？

答：《劳动合同法》第三十九条　劳动者有下列情形之一的，用人单位可以解除劳动合同：

（一）在试用期间被证明不符合录用条件的；

（二）严重违反用人单位的规章制度的；

（三）严重失职，营私舞弊，给用人单位造成重大损害的；

（四）劳动者同时与其他用人单位建立劳动关系，对完成本单位的工作任务造成严重影响，或者经用人单位提出，拒不改正的；

（五）因本法第二十六条第一款第一项规定的情形致使劳动合同无效的；

（六）被依法追究刑事责任的。

因此，虚报费用的事情，可以依据该条款的第二项和第三项进行处理。但不管是用第二项还是第三项，都最好在员工手册或规章制度中有明确的规定。

另外，HR 工作者经常可能忽略的是报警，即通过民事诉讼来追索相关的经济损失。

263. 如何处理被追究刑事责任的员工？

答：很多 HR 工作者不知道什么是刑事责任。刑事责任，即经过人民法院审理，判决有罪，并被处以刑事处罚的。其中主刑包括：拘役、管制、有期徒刑、无期徒刑、死刑；另外还有附加刑，包括：剥夺政治权利、罚金、没收财产。

另外，不要把刑事处罚与行政处罚相互混淆，二者其实是不同的：

（1）刑事处罚是人民法院做出的判决。

（2）行政处罚是行政机关做出的处罚，比如警告、罚款、没收所得或没收非法财物、责令停产停业、暂扣或者吊销许可证、暂扣或者吊销执照、行政拘留、法律行政法规规定的其他行政处罚。

那么应如何处理被追究刑事责任的员工呢？

（1）找到员工受到刑事处罚的证据。根据我国《刑事诉讼法》的规定，任何人非经法院判决，不得先推定认定为有罪。因此，用人单位欲以上述理由解除与员工的劳动合同时，需要有劳动者被追究刑事责任的事实存在。

（2）基于事实，依据《劳动合同法》第三十九条第六项拟定解除劳动合同通知函。

（3）通知工会和走完相关的审批。

（4）将通知函通过合适的方式送达员工。

需要说明的是，当员工被依法追究刑事责任后，用人单位可以解除劳动合同，但并不等于是自动解除或必须解除劳动合同。是否要解除劳动合同，决定权在于用人单位。如果要解除，则必须采取解除的动作才能真正地解除。

第16章

商业秘密管理的用工风险

264. 什么是商业秘密？

答：《反不正当竞争法》（2019年修订）第九条第四款　本法所称的商业秘密，是指不为公众所知悉、具有商业价值并经权利人采取相应保密措施的技术信息、经营信息等商业信息。

这个定义包含三层意思：

（1）不为公众所知悉，即秘密性。秘密性是商业秘密的核心特征，如果其内容为公众所知悉，就不是什么秘密了，比如我们在网站上能看到的企业信息。这里，公众并非指所有的人，而是指某一行业的、有可能从该商业秘密的利用中获取利益的人。

（2）具有商业价值，即价值性。商业秘密能为权利人带来实实在在的经济利益，有时是权利人获取竞争优势的制胜法宝。一个秘密如果没有什么价值，那也无所谓要保密了。

（3）采取保密措施，即保密性。权利人主动对技术信息和经营信息采取了合理的保护措施，对秘密进行保护和管理以免对外泄露，这体现了权利人对秘密的重视以及采取的行动措施。

那么，企业的产品配方是商业秘密吗？

（1）如果企业的产品配方为公众所知，则不是商业秘密。

（2）如果不能带来价值，则也不是商业秘密。

（3）如果这个配方没有采取保护措施，则也不是商业秘密。如果这个配方没有采取任何保护措施，那只能是企业的领导或员工主观认为的商业秘密，还不是法律上的商业秘密。

因此，只有这个配方不为公众所知，能为企业带来商业利益，且企业也对此配方采取了保密措施，才是法律意义上的商业秘密。

265. 在企业实践中，商业秘密主要包括哪些？

答：商业秘密主要包括两类：技术信息和经营信息。

（一）技术信息

（1）企业未公开过、未采取工业产权法律保护的技术。通常的载体为图纸、计算机软件、胶片、文字资料等。

（2）产品，包括各种设备、器械、仪器、零部件以及生物新品种等。企业的新产品在投入市场之前，是企业的商业秘密。一般来讲，进入市场的成熟产品不是商业秘密，但与用户签订保密协议、需要秘密使用的产品除外。处于研制过程中的产品，如样品、样机等，是商业秘密。

（3）工艺技巧，包括工艺流程、制作工艺。工艺是劳动者利用生产工具对各种原材料、半成品进行增值加工或处理，最终使之成为制成品的方法与过程。产品工艺涉及工业、农业、医疗卫生以及国防等领域，并包括手工业中产品的加工及处理过程。工艺中凝结了科研人员及生产技术人员的创造性劳动，其具有商业价值，能够产生商业上的竞争优势。

（4）配方，是为某种物质的配料提供方法和配比的处方，如常见的药品配方、化学制品配方、冶金产品配方等。物质中成分不同、配比比例不同，导致其功效及作用不同，配方的选取往往要经过科研人员或生产技术人员多次、大量的实（试）验。像一些家传秘方更是经过代代相传、代代加入创造性劳动发展而来的，其具有相当大的商用价值。当代一些著名化工企业、生物制药企业，其产品配方是这些企业的核心技术秘密，其采取的保密措施也是相当的严格。

（5）设计，是把一种计划、规划、设想通过视觉、听觉、触觉或嗅觉等感官感受传达出来的活动过程。设计包括工业设计、环境设计、建筑设计、室内设计、网站设计、服装设计、平面设计、影视动画设计等。设计的表现形式往往是设计草图、蓝图等图纸。设计方案是智力活动的凝结，往往积聚了设计人员的创造性劳动，具有很高的商业价值。

（6）试验记录。一件新产品、一项新技术的产生和问世，均离不开反复的试验，很少有一蹴而就的。试验记录包括试验数据和试验过程、结果的记录。

（7）操作规程与流程。

（8）化验报告。

（二）经营信息

（1）企业尚未公开的具有秘密性质的经营策略方案、企业中长期发展规划、商业经验、财务报表、客户名单、销售合同、资源情况等。

（2）交易秘密、营业秘密、管理秘密、人事组织秘密、财务管理、货源情报、管理制度（如人事制度、薪酬制度）等。

（3）各种商业数据，包括财务数据、生产数据、销售数据、人力资源数据、客户数据、经营统计数据、行业数据、历史数据等。对这些商业数据进行分析加工，往往可以得到有价值的新信息。这些数据是企业经营生产中积累的财富，一旦泄露，将给企业造成不可弥补的损失。现代企业对自身的数据整理、分析所形成的商业数据库，是企业重要的商业秘密。

（4）商业方法、管理诀窍和产销策略。商业方法、管理诀窍和产销策略往往经过长期的摸索，均凝聚着企业大量的心血，一旦泄露，将对企业的生产经营造成严重的损害。

266. 客户名单是否为企业的商业秘密？

答：判断的依据如下：

（1）秘密性，即这些客户名单是否为公众所知。比如手机生产厂家，在网上一搜就出来了一个名单，那么这样的名单就是公众所知的，没有秘密可言。但如果搜不到，找同行也问不到，无法知晓，则不为公众所知。

（2）价值性，即客户名单是否有价值。比如，你的企业是咨询公司，客户是生产电视的企业，如果是网上或同行都知道的全部企业名单，那么对咨询公司来说很可能没有价值。但如果你的企业经过摸索，知道少数几家企业正在寻找咨询公司，则这个客户名单就具有商业价值。

（3）保密性，即采取了保密措施。如上所述，你的企业是咨询公司，经过长期摸索，知道少数的几家企业有咨询的意向，且对这个客户名单进行了特别的保护，内部的一般员工无法得知这个名单。

如果满足上述三个条件，那么客户名单就是商业秘密，否则就不是。

267. 如何使企业的商业秘密法律化？

答：商业秘密要成为法律上的商业秘密，需要采取一些具体的措施，从而使企业商业秘密法律化。

（1）建立一个明确的保密制度，明确商业秘密的内容、范围、等级、保护方案、措施、涉密人员管理等。

（2）签订保密专项协议。比如，与高层管理人员、高级研究开发人员、营销人员、安全保管人员等直接接触、掌握企业商业秘密的人员签订保密协议。其他人员则在劳动合同中列明相关条款。

（3）告知离职员工有继续履行保守商业秘密的义务。

（4）要求不同部门落实相关保密的具体措施，比如：建立保密设施，如保密资料室（柜）、保险箱；对生产车间、实验室、研究室等涉及商业秘密的机构采取隔离措施；处理废弃物；计算机软件加密；研究开发人员填写研究开发记录；处理对外交流合作时的散发材料；商业秘密信息的销毁；及时订立保护商业秘密的合同；严格限制接触商业秘密人员的范围等。

（5）与外部能接触到企业商业秘密的其他企业人员签订保密协议。比如企业之间合作、联营、股份转让、委托开发、科技项目承包、技术服务时签订协议。

（6）申请知识产权。企业一旦申请专利进行保护，则无论签订保密协议与否，都受法律保护。

268. 企业商业秘密管理制度包含哪些主要内容?

答：企业商业秘密管理制度应该包含的主要内容包括：

（1）确定内容：确定哪些信息资料属于需要保护的商业秘密，确定不同的保密等级。

（2）确定不同等级的秘密需要什么样的流程批准才能获得接触与归还。

（3）确定责任人：确定保护商业秘密的责任及其监护人。

（4）赋予标识：对属于商业秘密的文件实施统一标记。

（5）机械安全：设立保护商业秘密的机械安全系统。

（6）签订保密协议：与相关人员签订协议。

（7）低风险方式展露：向企业外部人员在某种程度上展示某些商业秘密时，考虑用什么方式才能降低泄露的风险。

（8）保守秘密与员工发展的平衡：妥善处理员工主动提供的专项商业秘密资料，鼓励员工做好个人发展与保守秘密之间的平衡。

（9）定期更新：定期更新商业秘密的内容。

（10）秘密协议化：把商业秘密的相关条款放进劳动合同中进行约定，或签订保密协议。

（11）不同部门的具体措施：不同部门在使用商业秘密的过程中应采取具体的保密措施。

（12）接触秘密的外部人员，如何保护秘密的约定。

（13）违反秘密管理制度的违纪责任。

269. 保密协议的主要内容有哪些?

答：一份完善的保密协议，应该包含下列内容：

（1）双方身份信息；

（2）保密信息的定义以及主要内容范围；

（3）员工在职期间保守本企业商业秘密的义务；

（4）正确使用商业秘密的义务；

（5）取得商业秘密职务成果后及时向单位通报的义务；

（6）妥善保管和使用商业秘密文件资料的义务；

（7）商业秘密保密的期限与终止；

（8）离职或被解雇时对商业秘密的保密义务；

（9）竞业限制的义务；

（10）违反协议的责任，如赔偿责任、企业内部违纪处罚措施等；

（11）脱密期的相关约定；

（12）双方的签字盖章与日期。

270. 与企业外部人员签订的保密协议，主要内容有哪些？

答：实践中，企业经常与第三方合作。在合作的过程中，因为工作或业务的需要，企业要向第三方提供一些敏感的信息，这些信息很可能就是企业的商业秘密。因此如果没有事先的保密协议，接触企业商业秘密的外部人员就没有保守该企业商业秘密的义务，万一造成了秘密泄露则很难追究其责任。因此要与这些人员也签订一个保密协议，其主要内容包括：

（1）确定商业秘密的内容，详细列出将向对方披露的商业秘密的种类。

（2）明确披露商业秘密的目的，它与外部人员披露商业秘密的范围直接相关。

（3）商业秘密披露的期限。期限届满时，对方不得继续使用商业秘密。

（4）外部人员对商业秘密的保密义务，同时期限届满时，外部人员应当归还所掌握的商业秘密文件、资料，并销毁复印件。

（5）坚持让对方使用商业秘密的关键人员签订个人保密协议，作为向对方移交商业秘密的前提条件。

（6）要求所有有关各方执行保密协议。

（7）规定违约赔偿金的数额。

（8）明确协议的有效期。

271. 企业可以为员工设置脱密期吗？

答：根据《关于企业职工流动若干问题的通知》，用人单位与掌握商业秘密的职工在劳动合同中约定保守商业秘密的有关事项时，可以约定在劳动合同终止前或该职工提出解除劳动合同后的一定时间内（不超过6个月），调整其工作岗位，变更劳动合同相关内容。

除此之外，一些地方法规也确认了脱密期制度，如《上海市劳动合同条例》第十五条第二款："对负有保守用人单位商业秘密义务的劳动者，劳动合同当事人可以就劳动者要求解除劳动合同的提前通知期在劳动合同或者保密协议中做出约定，但提前通知期不得超过六个月。"其他如《江苏省劳动合同条例》《北京市劳动合同规定》《浙江省劳动合同办法》等均有类似规定。

那么企业该如何具体操作呢？

（1）企业应明白不能因为要给员工一个脱密期而强制调整其岗位；

（2）可以与员工协商，尤其是某些敏感的技术类岗位和高管岗位，可以事先协商如何脱密；

（3）企业也可以用员工要履行的义务（如竞业限制、服务期）相交换，从而争取员工同意更长的脱密期。

272. 企业可以与哪些人签订保密协议？

答：在法律上，只要知悉商业秘密或可能知悉商业秘密的员工，都可以签保密协议。如果企业与所有员工签订保密协议，法律也不禁止。具体来说，企业可以与以下人员签订：

（1）全体员工；

（2）实习生；

（3）管理培训生；

（4）第三方企业的人员，比如外方在我们企业工作的人员；

（5）与企业有劳务关系的人员。

273. 如何约定保密协议的期限?

答：常见的约定方式如下：

（1）自××××年××月××日起，至××××年××月××日止。

（2）劳动关系存续期间。

（3）劳动合同期限结束后的 3 年内。

（4）离开企业后的 2 年内。

在实践中，以下约定方式对企业更有利：

（1）从乙方知悉甲方的商业秘密开始至该秘密信息成为公众信息时止。

（2）员工离职后仍负有保密义务。

274. 员工离职后仍要履行保密义务吗？ 若要履行，企业要支付保密费吗?

答：保密是员工的法定义务，不管是在职，还是离职，只要该秘密还没有成为公众信息，员工就有保守该秘密的义务。因此，离职后，员工仍然要履行保密的义务。

关于保密费，从《劳动合同法》等法律来看，法律并不强制企业支付保密费。当然，条件允许的企业，可以和员工在保密协议中约定保密费。但是要注意：在职期间支付的保密费属于工资范畴，属于货币收入，照样需要纳税等；离职后支付保密费则属于企业经营成本，此时员工不在职了，不能列支到工资成本。

275. 员工不愿意签订保密协议，企业怎么办?

答：《合同法》第六十条第二款　当事人应当遵循诚实信用原则，根据合同的性质、目的和交易习惯履行通知、协助、保密等义务。

这里的“保密义务”，指合同当事人负有将通过确立合同关系而了解到的对方的秘密予以保守的义务。

因此，保密义务是劳动者应当承担的法定义务，而非约定义务。既然是法定义务，则其履行不以双方是否约定为前提。换句话说，双方约定或不约定，劳动者都必须履行义务。但很多企业不放心这一点，希望通过协议的方式来告知和约束员工。如果员工不愿意签订保密协议，企业可参考下列处理方式：

（1）使企业内部的商业秘密法律化，比如在合同、员工手册或制度中明确定义企业的哪些信息是商业秘密，当然要确保这些秘密符合秘密性、价值性和保密性三个原则。

（2）如果在相关的制度中还没有法律化，则可以在一个通知栏中单方告知即可，比如通知函、离职证明、离职交接表上设置一栏告知信息，这也算一种保护措施。

276. 员工侵犯商业秘密的常见情形有哪些?

答：员工侵犯商业秘密的常见情形参照《反不正当竞争法》（2019）。

（1）以盗窃、贿赂、欺诈、胁迫、电子侵入或者其他不正当手段获取权利人的商业秘密；

（2）披露、使用或者允许他人使用以前项手段获取的权利人的商业秘密；

（3）违反保密义务或者违反权利人有关保守商业秘密的要求，披露、使用或者允许他人使用其所掌握的商业秘密；

（4）教唆、引诱、帮助他人违反保密义务或者违反权利人有关保守商业秘密的要求，获取、披露、使用或者允许他人使用权利人的商业秘密。

277. 保密协议中能否设定违约金?

答：《劳动合同法》第二十二条第一款、第二款有关于培训服务期的违约责任，《劳动合同法》第二十三条第二款有关于竞业限制的违约责任，因此，一般理解只有培训协议或竞业限制协议可以约定违约金，而在保密协议中约定的违约金条款可能无效。

从法律来看，无效条款只是不发生法律效力，所以用人单位不需要承担不利后果。虽然无效，但如果保留这个条款，对员工有一定的心理威慑性，也有助于员工履行保密的法定义务。

278. 员工侵犯商业秘密，企业能追究其哪些责任？

答：企业能追究的责任如下：

（1）追究损害赔偿，赔偿额度是实际造成的损失。

（2）如果企业内部有相应的制度，则可以按照违纪、严重违纪等方式处理，并扣除相应的奖金等。

（3）员工泄密行为严重时，可以刑事报案。

279. 侵犯商业秘密后的赔偿损失包含哪些？

答：《反不正当竞争法》（2019 年修订）第十七条　经营者违反本法规定，给他人造成损害的，应当依法承担民事责任。经营者的合法权益受到不正当竞争行为损害的，可以向人民法院提起诉讼。因不正当竞争行为受到损害的经营者的赔偿数额，按照其因被侵权所受到的实际损失确定；实际损失难以计算的，按照侵权人因侵权所获得的利益确定。经营者恶意实施侵犯商业秘密行为，情节严重的，可以在按照上述方法确定数额的一倍以上五倍以下确定赔偿数额。赔偿数额还应当包括经营者为制止侵权行为所支付的合理开支。经营者违反本法第六条、第九条规定，权利人因被侵权所受到的实际损失、侵权人因侵权所获得的利益难以确定的，由人民法院根据侵权行为的情节判决给予权利人五百万元以下的赔偿。

从该条款可以看出，首先要按照实际损失计算赔偿额度，但需要企业用证据证明实际损失存在，无法计算的，按照侵权获利计算。

为了更好地要求损害赔偿，企业可以在不违反相关法律的前提下，事先约定赔偿范围和标准，比如：

（1）完成商业秘密法律化与保护措施的成本：人力，材料，其他措施成本等；

（2）收益和利润的计算方法；

（3）预期损失的计算方法；

（4）维权中应该包含的各种成本：取证调查费，律师费，公证费，其他差旅费，调查人员的人工费用等。

280. 关于商业秘密的纠纷，企业该走什么法律流程？

答：实践中，关于商业秘密的纠纷未必能在仲裁庭得到受理。企业如果真遇到类似案件，建议走以下流程：

（1）先到劳动仲裁委员会申请仲裁；

（2）如果仲裁委员会不受理，则会出具《不受理案件通知书》；

（3）凭《不受理案件通知书》直接去法院立案（在收到该通知书的15天内），一般法院看到仲裁委员会不受理时，则会受理。

281. 企业是否应该要求离职员工签署《保密承诺书》？

答：《保密承诺书》明确了离职员工的保密义务，具有约束作用。在发生商业秘密侵权纠纷时，该承诺书还具有证据效力，证明离职员工应履行的保密义务。因此，企业在员工办理离职手续时，要求其签署《保密承诺书》具有积极意义。尤其是员工在职期间，企业的保密措施不完善或者企业从未与员工明确约定保密义务的，更应该注意在员工离职时要求其签署《保密承诺书》，明确保密范围，约定保密义务，以此来弥补企业保密措施的不足。签订承诺书的意义在于可作为企业“已采取保密措施”的证据，并在员工违约、泄密或侵权时，更好地举证并主张自己的权利。当然，如果企业已建立了完备的商业秘密保护制度，且与相关员工已签有保密协议、竞业禁止条款等，则《保密承诺书》的意义不大。

《保密承诺书》的内容大致为：

（1）承诺离开单位，不会携带文件、工作日记、磁介质、实物或其他与商业秘密有关的物品；

（2）承诺离开单位后，不泄露商业秘密，这些秘密包括但不限于××××；

（3）承诺离开单位后，不自己使用或允许他人使用单位的商业秘密；

（4）附上其他承诺，比如不以不正当手段转移原单位的客户，不会以不正当手段劝说原单位的员工跳槽；

（5）承诺如果违反以上约定，愿意承担一切损失。

第17章

竞业限制管理的用工风险

282. 何谓竞业限制?

答：竞业限制是用人单位对负有保守用人单位商业秘密的劳动者，在劳动合同、知识产权权利归属协议或者技术保密协议中约定的竞业限制条款，即：劳动者在终止或解除劳动合同后的一定期限内不得在生产同类产品、经营同类业务或有其他竞争关系的用人单位任职，也不得自己生产与原单位有竞争关系的同类产品或经营同类业务，限制时间由当事人事先约定，但不得超过二年。

竞业限制条款在劳动合同中为延迟生效条款，也就是劳动合同的其他条款法律效力结束后，该条款才开始生效。

通过合理的竞业限制，可以限制特定劳动者从事特定职业或生产特定产品的机会，从而防止本企业商业秘密被泄露、被擅自使用等。

竞业限制期限，最长不能超过二年。

283. 企业为什么要签订竞业限制协议?

答：企业签订竞业限制协议，主要是为了达到下列目的：

（1）保守企业商业秘密：经营秘密；管理秘密；技术秘密；第三方秘密；职务作品和知识产权。

（2）保持企业的竞争优势，并通过核心知识和秘密持续创造价值。

（3）减轻来自竞争对手或同行的压力。

（4）通过缩小就业范围，留住核心员工。

284. 竞业限制有哪些类型?

答：竞业限制分为法定竞业限制和约定竞业限制。

（一）法定的竞业限制

《公司法》（2018 年修订）第一百四十八条第一款第五项　董事、高级管理人员不得有下列行为：未经股东会或者股东大会同意，利用职务便利为自己或者他人谋取属于公司的商业机会，自营或者为他人经营与所任职公司同类的业务；董事、高级管理人员违反前款规定所得的收入应当归公司所有。

《合伙企业法》（2006 年修订）第三十二条第一款　合伙人不得自营或者同他人合伙经营与本合伙企业相竞争的业务。

《合伙企业法》（2006 年修订）第七十一条　有限合伙人可以自营或者同他人合作经营与本有限合伙企业相竞争的业务；但是，合伙协议另有约定的除外。

（二）约定的竞业限制

用人单位与劳动者之间通过协议形式产生一定义务的竞业限制，这种竞业限制只适用于特定员工，而不是所有员工，其目的在于保护商业秘密权利人的权利，而不是限制劳动者的择业机会。该限制对于防范离职职工侵害企业商业秘密具有重要意义。这种协议的主要内容如下：

（1）双方当事人信息；

（2）竞业限制的范围；

（3）竞业限制的时间和地域等；

（4）补偿标准；

（5）违约责任与违约金；

（6）其他需要约定的事项，如支付方式等。

285. 哪些员工能签订竞业限制协议?

答:《劳动合同法》第二十四条第一款　竞业限制的人员限于用人单位的高级管理人员、高级技术人员和其他负有保密义务的人员。竞业限制的范围、地域、期限由用人单位与劳动者约定,竞业限制的约定不得违反法律、法规的规定。

因此,企业可与以下三类人员签订竞业限制协议:

(1)高级管理人员;

(2)高级技术人员;

(3)其他负有保密义务的人员。

如果主体不合法,则竞业限制协议无效。

286. 竞业限制的范围如何界定?

答:竞业限制的范围主要指地域范围和企业范围。

(1)双方协商具体的地域范围,比如某地区、某省、华东区等。但要注意,不可以随意扩大范围。原则上,应以能够与用人单位形成实际竞争关系的地域为地域界限。

(2)企业范围:主要是指与原企业有竞争关系的企业。

在描述方式上,可以依据经营范围进行描述,包括关联公司、参股、控股、实际控制等。也可以列举具体的限制企业,比如:“不能去房地产开发、租赁或销售的同类公司及其参股或控股公司,包括但不限于××公司、××公司、××公司等。”

287. 竞业限制期限是否越长越好?

答:期限长短各有利弊:

(1)期限长

利:更容易保护秘密不过早泄露。另外,因为长的期限,也约束了在职人员的离职倾向,有助于留住技术人才。

弊：需要支付离职后的补偿金。

（2）期限短

利：节约补偿金。

弊：可能过早泄露秘密，可能更难留住核心员工。

因此期限究竟该多长，主要考虑下列因素：

（1）产品是否能够提前上市从而更早被公众知悉。

（2）产品能否升级换代，从而使旧的产品信息很快成为过时的秘密。

（3）能否提前脱密并减少员工对技术的记忆力。

（4）留住该类人才的必要性。

（5）企业愿意承担的经济补偿金限额。

（6）当然最长不能超过 2 年。

288. 竞业限制期间的经济补偿金如何约定？

答：《劳动合同法》第二十三条第二款　对负有保密义务的劳动者，用人单位可以在劳动合同或者保密协议中与劳动者约定竞业限制条款，并约定在解除或者终止劳动合同后，在竞业限制期限内按月给予劳动者经济补偿。劳动者违反竞业限制约定的，应当按照约定向用人单位支付违约金。

因此，《劳动合同法》只是规定了企业要按月支付经济补偿，并未给出补偿多少的具体标准，一般由双方协商约定。

《最高人民法院关于审理劳动争议案件适用法律若干问题的解释（四）》第六条　当事人在劳动合同或者保密协议中约定了竞业限制，但未约定解除或者终止劳动合同后给予劳动者经济补偿，劳动者履行了竞业限制义务，要求用人单位按照劳动者在劳动合同解除或者终止前十二个月平均工资的 30%按月支付经济补偿的，人民法院应予支持。前款规定的月平均工资的 30%低于劳动合同履行地最低工资标准，应按劳动合同履行地最低工资标准支付。

因此，从该条款可以看出：

（1）竞业限制补偿金的标准由双方自由约定，法律没有给出标准；

（2）如果竞业限制协议中没有约定补偿标准，员工可以按照劳动合同解除或者终止前十二个月平均工资的30%主张；

（3）劳动合同解除或者终止前十二个月平均工资的30%并不是必须约定的标准。

289. 竞业限制期间的违约金如何约定？

答：竞业限制违约金和竞业限制的经济补偿金一样，没有相关的法律规定，所以谈不上合法与否的问题，只有合理与否的问题。一般在司法实践中，法官根据具体的情况做出自由裁量判断。违约金如果过低，那是企业愿意，一般从其约定；如果过高，则不利于劳动者一方，法官可能认为不公平合理，会考虑调低一点。一般来说，补偿金可以低一点，而违约金可以高一点，起到对劳动者的限制作用。

290. 企业与员工就竞业限制期间的经济补偿达不成一致，怎么办？

答：有的企业在员工离职后要发放补偿时才发现协议中并没有具体说明每月补偿多少，找员工商量时双方达不成一致，那该怎么办呢？

（1）企业可以单方告知员工要继续履行竞业限制义务；

（2）关于补偿标准，企业可以单方通知员工相关标准；

（3）一旦企业这样通知员工，则要按照此标准执行支付；

（4）员工如果不服，可以去法院申请调整，此时等待法院的裁决即可。

291. 劳动者支付违约金后就可以不受竞业限制协议的约束了吗？

答：《劳动合同法》第二十三条第二款　对负有保密义务的劳动者，用人单位可以在劳动合同或者保密协议中与劳动者约定竞业限制条款，并约定在解除或者终止劳动合同后，在竞业限制期限内按月给予劳动者经济补偿。劳动者违反竞业限制约定的，应当按照约定向用人单位支付违约金。

《最高人民法院关于审理劳动争议案件适用法律若干问题解释（四）》第十条　劳动者违反竞业限制约定，向用人单位支付违约金后，用人单位要求劳动者按照约定继续履行竞业限制义务的，人民法院应予支持。

因此，劳动者支付违约金后，如果用人单位坚持劳动者必须继续履行竞业限制，则劳动者必须继续履行。

292. 竞业限制协议何时签订?

答：不同的时间签订竞业限制协议有不同的难度：

（1）入职时签订。员工愿意签订的可能性大，对于补偿及违约金的约定，企业具有一定的主动权。

（2）劳动合同履行中。员工虽不明确拒绝，但会拖着不签或要求较高的补偿金。

（3）员工离职时。员工很可能会直接拒绝，因为一点心理准备都没有，且限制自己的就业自由，因此签订的可能性最低。

建议的做法是：

（1）入职签订，此时员工心理防备低，容易签订。

（2）略低的补偿金，但略高的违约金。

（3）在员工离职的最后工作日或之前，决定是否要解除竞业限制协议。在协议上可写明："在双方劳动关系解除或终止之前，公司可以通知员工解除本协议"，保留可以解除协议的权利。

293. 竞业限制协议何时解除?

答：在最后工作日之前解除。竞业限制协议的生效日期为离职前最后工作日的第二日，因此在离职前的最后工作日，该竞业限制协议仍然没有生效，此时企业方可以单方解除此协议，且没有任何代价。

过了最后工作日解除。此时竞业限制协议已经生效，企业可以单方面解除，但员工可以主张 3 个月的竞业限制补偿金。根据如下：

《最高人民法院关于审理劳动争议案件适用法律若干问题解释（四）》第九条　在竞业限制期限内，用人单位请求解除竞业限制协议时，人民法院应予支持。在解除竞业限制协议时，劳动者请求用人单位额外支付劳动者三个月的竞业限制经济补偿的，人民法院应予支持。

294. 竞业限制协议应包含哪些主要内容?

答：一份完整的竞业限制协议，应该包括下列要点：

（1）主体合法：高级技术人员；高级管理人员；其他知悉商业秘密的人员；

（2）地域范围：哪些地域范围内的竞争性企业不可以；

（3）就业范围：哪些类型的企业不可以；

（4）补偿标准：一旦生效，每月的补偿标准是多少；

（5）违约金：一旦员工违反，违约金是多少；

（6）竞业限制的期限；

（7）在协议生效日之前，公司可以单方面解除协议，并通知员工；

（8）约定支付方式；员工变更方式导致企业无法支付，员工要承担的法律后果。

295. 没有补偿条款的竞业限制协议，还有法律效力吗?

答：《最高人民法院关于审理劳动争议案件适用法律若干问题解释（四）》第六条　当事人在劳动合同或者保密协议中约定了竞业限制，但未约定解除或者终止劳动合同后给予劳动者经济补偿，劳动者履行了竞业限制义务，要求用人单位按照劳动者在劳动合同解除或者终止前十二个月平均工资的30%按月支付经济补偿的，人民法院应予支持。

因此：

（1）即使没有约定补偿标准，协议仍然有效，是双方真实意思的表示，缺失的补偿条款可以通过双方的另行约定进行补充。

（2）未约定，不等于企业就拒绝支付，因此不属于“免除企业法定责任，排除劳动者权益”的行为。协议仍然有法律效力。

在没有约定补偿的情况下，企业后续该如何处理？

（1）双方另行协商约定，补充协议一样有效。

（2）如果协商不一致，则企业在竞业限制协议履行时，直接单方面告知员工企业将按某一标准支付补偿并实现支付。员工一方必须履行竞业限制义务，同时如果员工认为企业补偿的数额太低，可以申请司法机构提高补偿数额。

296. 员工以竞业限制补偿费低为由拒绝履行协议，有什么法律后果？

答：竞业限制补偿费用低，并不导致竞业限制协议的无效；如果员工拒绝履行协议，则应当承担下列法律责任：

（1）违约责任：支付违约金。

（2）赔偿责任：如果泄露了秘密，且给企业造成了经济损失，则承担经济损失赔偿。

（3）继续履行：即使员工已经支付了违约金，如果企业坚持员工仍然要履行竞业限制协议，则员工仍然要履行。

297. 企业不发放竞业限制补偿金，有何法律后果？

答：《最高人民法院关于审理劳动争议案件适用法律若干问题解释（四）》第八条　当事人在劳动合同或者保密协议中约定了竞业限制和经济补偿，劳动合同解除或者终止后，因用人单位的原因导致三个月未支付经济补偿，劳动者请求解除竞业限制约定的，人民法院应予支持。

因此，如果企业连续 3 个月不发经济补偿金，则劳动者可以申请解除竞业限制协议，即不受此协议限制而任意选择就业的企业。也就是说，此种情况下，员工可以单方面解除竞业限制协议。

298. 约定日常工资中的20%就是预先支付的竞业限制经济补偿费，可以吗？

答：正常的工资结构中约定竞业补偿是有风险的，有可能得不到法律支持。因为履行竞业限制义务是员工在离职之后的一项义务，是在离职之后进行的，而发放补偿金是在劳动者已经履行了竞业限制义务后企业履行自己的补偿支付义务。

299. 如果企业不小心招聘了签有竞业限制的员工，怎么办？

答：如果单位招收了一名与原单位签有竞业限制的员工，该如何化解风险呢？

（1）审查协议的有效性

①审查原协议的合法性；

②审查协议的有效期限；

③审查协议限制的地域范围；

④审查协议限制的企业范围或类型；

⑤审查员工原单位与本单位是否有竞争性；

⑥审查原单位是否已经三个月以上没有支付补偿。

（2）如果审查后发现有竞争关系，且员工仍有履行的义务，则考虑下列问题并采取措施：

①是否可以先进行项目合作，形成劳务关系？

②如果员工必须辞职，有什么应对措施？

第18章

培训服务管理的用工风险

300. 培训服务协议一般应该包含哪些内容？

答：先理解一下与培训相关的法律法规：

《劳动合同法》第二十二条　用人单位为劳动者提供专项培训费用，对其进行专业技术培训的，可以与该劳动者订立协议，约定服务期。劳动者违反服务期约定的，应当按照约定向用人单位支付违约金。违约金的数额不得超过用人单位提供的培训费用。用人单位要求劳动者支付的违约金不得超过服务期尚未履行部分所应分摊的培训费用。用人单位与劳动者约定服务期的，不影响按照正常的工资调整机制提高劳动者在服务期期间的劳动报酬。

《劳动合同法实施条例》第十六条　劳动合同法第二十二条第二款规定的培训费用，包括用人单位为了对劳动者进行专业技术培训而支付的有凭证的培训费用、培训期间的差旅费用以及因培训产生的用于该劳动者的其他直接费用。

《劳动合同法实施条例》第十七条　劳动合同期满，但是用人单位与劳动者依照劳动合同法第二十二条的规定约定的服务期尚未到期的，劳动合同应当续延至服务期满；双方另有约定的，从其约定。

《劳动合同法实施条例》第二十六条第一款　用人单位与劳动者约定了服务期，劳动者依照劳动合同法第三十八条的规定解除劳动合同的，不属于违反服务期的约定，用人单位不得要求劳动者支付违约金。

根据上述法律法规以及工作的实际情况，培训协议的主要内容应包括：

（1）培训类型与形式。需要特别注明这是一种专业技术培训，并具体描述大致的培训内容。

（2）培训计划。什么时候开始和结束，中间可能有什么安排，等等。

（3）培训纪律。

①在培训期间仍然应当遵守公司相关规章制度，但有关规章制度明显与培训目的冲突的除外，比如无法按时打卡考勤。

②在培训期间应当服从有关培训机构的课程安排和授课纪律，保质保量地完成相关培训。履行公司的请假程序，否则视为旷工。

③在培训中所获得的相关信息如属于商业秘密的，应当遵守相关保密义务。

④在培训期间所做出的任何发明、专有技术、程序设计、创造性成果均属职务成果，归公司所有。

（4）培训费用类型。学费、各种津贴、报名费以及其他与培训直接相关的费用，如交通、住宿、餐饮等。

（5）培训期间的待遇。例如，员工的薪酬待遇可以按照劳动合同约定工资的××%发放；继续享受公司提供的现有福利计划；将视实际情况所需另行支付合理的津贴，包括但不限于住宿补贴、餐费补贴以及生活补贴等，有关津贴的具体数额由双方根据公司的规定另行协商确定。

（6）培训中止。因法定事由的发生或公司要求，有关培训计划可以随时中止，待有关情形结束后培训计划可以继续。

（7）服务期。培训结束后，员工应当至少在公司服务×年。其间，非法定事由员工不得单方面解除/终止劳动合同，如劳动合同期满，则合同期限自动顺延。

（8）违约责任。

①员工因自身原因退出培训或在培训期间辞职的，应当赔偿公司为员工支付的全部培训费用。公司因此有其他经济损失的，则公司向员工继续追索其他赔偿责任。

②员工在约定服务期限内提出辞职/自动离职/因违反本合同规定或违反相关纪律而被公司提前解除劳动合同的，员工必须全部或部分赔偿公司所支付的培训费用。具体计算公式为：赔偿费=培训费×（剩余服务期限/约定服务期限）。

301. 什么样的培训，才需要签订培训服务协议？

答：《劳动合同法》第二十二条第一款　用人单位为劳动者提供专项培训费用，对其进行专业技术培训的，可以与该劳动者订立协议，约定服务期。

因此，只有专业技术培训，方可签订协议。那么何谓专业技术培训？

培训一般分为义务性培训和非义务性培训。义务性培训是指根据法律规定，企业有义务对员工实施的培训，包括员工入职培训、企业文化制度培训、岗前培训、转岗培训等，企业不能以此设定服务期并要求员工签订培训协议。非义务性培训是指企业自愿或双方约定而产生的培训，如常见的学历培训、专业技术培训及其他约定的培训。

例如，从国外引进组装一条新生产线，必须有能够操作的技术性强的员工队伍，为此，企业把劳动者送到国外去培训，回来以后从事这条新生产线的相关工作，这个培训就是本条所指的专业技术培训。这种培训不是义务性的，是用人单位在国家规定提取的职工培训费用以外，专门花费较高数额的费用送劳动者去进行的定向专业培训。这样的培训就可以与该劳动者订立协议，约定服务期。

302. 培训服务协议中的培训费用包含哪些？

答：培训费用包含下列费用：

（1）差旅费：吃饭、住宿、交通。

（2）因培训而产生的直接费用：证书费、资料费、报名费、培训费用。

（3）其他可能因为培训而产生的直接费用。

注意，在培训期间发放的工资，不是培训费用，因为工资不是因为要参加培训而发生的。

在实践中，员工可能不认可实际发生的费用，因此要固定实际培训费用，该如何操作呢？

（1）在培训之前，就与劳动者约定好，协议上明确载明，不管是否有票据，培训费用都包括哪些类型的费用，以免双方争议。

（2）如果是多人参加一次性培训，要在协议中说明每类培训费用的分摊原则。

（3）做好培训纪要，并让员工签名确认。培训纪要包含：培训时间；培训地点；培训机构；培训讲师；培训内容（要说明这是为了提升员工专业技能的培训）；培训费用名称与额度；员工的签名。

（4）培训结束后，立即清理票据，并把最终的实际培训费用之和写入培训协议，与员工进行共同确认，从而减少今后的争议。

303. 服务期限如何约定更能留住人才？

答：服务期是员工因为参加了专业技术培训后要履行的一种服务于企业的义务。员工若违反服务期约定，则应当承担违约责任，支付违约金，违约金为未完成期限所对应的分摊的培训费用。

因此，要留住人才，可以考虑提高违约金，以增加离开的难度。在培训费用一定的情况下，约定的服务期限越长，对企业越有利，越能留住人才。

关于培训服务期的年限，《劳动合同法》没有具体规定，这可以理解为服务期的长短可以由劳动合同双方当事人协议确定。但是，用人单位在与劳动者协议确定服务期年限时要注意两点：第一，要体现公平合理的原则，不得滥用权力。比如设定服务期限30年，这似乎也不违法，但能得到法官的支持吗？第二，用人单位与劳动者约定的服务期较长的，用人单位应当按照工资调整机制提高劳动者在服务期间的劳动报酬。

304. 如何处理培训服务协议期限与劳动合同期限的关系？

答：《劳动合同法实施条例》第十七条　劳动合同期满，但是用人单位与劳动者依照劳动合同法第二十二条的规定约定的服务期尚未到期的，劳动合同应当续延至服务期满；双方另有约定的，从其约定。

因此，可以有两种处理方法：

（1）劳动合同直接续延到服务期届满之日。

（2）劳动合同不续延，或者续延但不续延到服务期满，企业根据情况决定继续延长到具体的某个日期。注意在这样操作时，要事先在培训协议中约定企业一方有选择延长或终止劳动合同的权利，这就是“双方另有约定的，从其约定”的体现。

305. 员工违反培训服务协议，企业可通过什么方式追究其责任？

答：有些员工虽然有培训服务协议在身，但是刚好外面有更好的高薪机会，就一走了之。对此，作为企业一方，我们可以通过下面的流程来追究其责任。

（1）直接与员工协商，共同商讨如何解决；

（2）协商不一致的，可以从给员工的应付款中扣除违约金；

（3）通过司法程序解决。

306. 与违反培训服务协议的员工有争议，企业一方要准备什么证据？

答：一旦双方发生争议，则企业一方需要准备以下证据：

（1）签订的《劳动合同》与《培训服务协议》；

（2）培训经费的证据凭证；

（3）员工离职的证明；

（4）员工应承担的违约金数额；

（5）员工离职不属于可以免除其违约责任的证据。

307. 帮助员工办理了大城市的户口，企业能否以此为由签订服务协议留住员工？

答：根据《劳动合同法》第二十二条，只有企业为员工提供了专业技术培训的，才可以签订服务协议。企业不能因为帮员工解决了户口就签订服务协议，但部分地方的司法实务认可企业以帮助员工取得大城市户口为条件签订服务协议。

那么企业有什么办法可以合法合理留住骨干员工呢？

（1）签订培训服务协议和竞业限制协议；

（2）提供有竞争力的薪酬福利体系；

（3）把签约奖金（sign-on bonus）变成借款，入职时预先借款 20 万元，每干一年，可以少还 5 万元；

（4）给予期权或分红权；

（5）设立量身定做的职业发展通道，搭好梯子；

（6）给予合同完成奖励，即只要能完成 1 年/3 年/5 年/某个特殊项目的合同，就能获得一个合同完成履行奖。

第19章

事实劳动关系与劳务关系管理的用工风险

308. 什么是事实劳动关系?

答：事实劳动关系是指用人单位与劳动者之间没有订立书面合同，但双方实际履行了劳动权利义务而形成的劳动关系。

309. 事实劳动关系的存在形式有哪些?

答：在实践中，事实劳动关系的存在形式包括：

(1) 无书面形式的劳动合同而形成的事实上的劳动关系，其一般分为两种：一种是从未订立书面劳动合同；另一种是原劳动合同期满，用人单位和劳动者未以书面形式续订劳动合同，但劳动者仍在原单位工作的。这是事实劳动关系的主要存在形式。

(2) 无效劳动合同而形成的事实上的劳动关系。《劳动合同法》第二十六条规定了三种劳动合同无效或者部分无效的情形：①以欺诈、胁迫的手段或者乘人之危，使对方在违背真实意思的情况下订立或者变更劳动合同的；②用人单位免除自己的法定责任、排除劳动者权利的；③违反法律、行政法规强制性规定的。对劳动合同的无效或者部分无效有争议的，由劳动争议仲裁机构或者人民法院确认。无效的劳动合同，从订立的时候起，就没有法律约束力。对因劳动合同无效而发生的劳动关系，同样视为一种事实劳动关系。

（3）双重劳动关系而形成的事实上的劳动关系。双重劳动关系是指劳动者与两个或两个以上的用人单位建立的劳动关系。比如非全日制或兼职的人员，如果他们没有与单位签订正式的合同，则实际上也是一种劳动关系的真实存在，即事实劳动关系。

310. 确定劳动关系的证据有哪些？

答：在司法实践中，用人单位未与劳动者签订劳动合同，认定双方存在劳动关系时可能参照下列凭证：

（1）工资支付凭证或记录（职工工资发放花名册）、缴纳各项社会保险费的记录；

（2）用人单位向劳动者发放的“工作证”“服务证”等能够证明身份的证件；

（3）劳动者填写的用人单位招工“登记表”“报名表”等招用记录；

（4）考勤记录；

（5）其他劳动者的证言等；

（6）个人所得税缴纳记录；

（7）工资条。

其中，（1）（3）（4）项的有关凭证由用人单位负举证责任。

311. 事实劳动关系可以单方面解除或终止吗？

答：《最高人民法院关于审理劳动争议案件适用法律若干问题的解释（一）》第十六条　劳动合同期满后，劳动者仍在原用人单位工作，原用人单位未表示异议的，视为双方同意以原条件继续履行劳动合同。一方提出终止劳动关系的，人民法院应当支持。

因此，在上述情形下，任何一方提出终止劳动关系，人民法院都应当支持，即可以单方面解除或终止。

312. 企业与个体承包人员是劳务关系还是劳动关系？ 怎样才能降低认定为劳动关系的风险？

答：识别为劳动关系时，主要参考三个要素：主体适格；接受用人单位劳动管理受其规章制度的约束；从事用人单位安排的有劳动报酬的劳动且该劳动是用人单位业务的组成部分。

因此，为了降低被误认为是劳动关系的风险，企业可以采取下列措施：

（1）与个体承包人员签订的协议（不要签劳动合同）应载明双方是劳务关系，适用的法律是《合同法》而不是《劳动合同法》，并声明双方无意建立劳动关系，日后也不得以任何理由主张存在劳动关系。

（2）个体承包人员，不受公司《员工手册》等规章制度的约束。

（3）个体承包人员的报酬，尽量不以时间来衡量，而是以承包的具体的可以量化的工作成果来衡量。

（4）结算报酬时，需要个体承包人员开具发票，而不是通常意义的领工资。

（5）在个体承包期间，该个体使用的是自己的生产工具，而不是公司提供的。

（6）个体在完成任务的过程中，用人单位的人员尽量少参与过程管理和约束。

（7）该个体最好挂靠在某个公司，以公司名义与用人单位签订合作协议，这样就可转化为公司之间的合作。

（8）不要向个体承包人员提供社保、年假、加班费等劳动关系项下特有的福利待遇。

（9）不要给个体承包人员发放门禁卡、工资条、工作证、名片，不用其填写应聘登记表、员工花名册、考勤打卡等。

上述措施做到位了，则被法律判定为劳动关系的风险会大大降低。

313. 保险代理人（推销员）与保险公司之间是劳务关系还是劳动关系？

答：保险代理人与保险公司之间既不是劳务关系，也不是劳动关系，而是代理关系。虽然保险代理人与保险公司签订的聘用合同中含有必须遵守保险公司的规章制度的内容，但保险代理人是依据保险公司的委托，在保险公司的授权范围内代为办理保险业务，并向保险公司收取手续费的单位或个人。他们的工作特征主要体现在：

（1）其工作场所在雇主营业处所之外；

（2）其可能同时接受多个雇主的授权；

（3）具体的工作过程具有独立性，几乎不受雇主指令的约束；

（4）在报酬上，保险公司根据代理人所做的业务量支付一定佣金而不是约定的工资数额，也不受国家规定的最低工资限制，而佣金与其工作的结果具有直接的联系；

（5）在社保缴纳上，保险公司不承担代理人的社会保险和社会福利责任。

因此，保险代理人与保险公司的关系属平等主体之间的民事代理关系。

314. 兼职人员与用人单位是劳动关系还是劳务关系？

答：常见的兼职可以分为四类：

第一类为劳动者向用人单位提供不定时的技术或信息咨询服务，即顾问式服务；

第二类为劳动者定时向用人单位提供非全日制劳动，比如每天不超过4小时的非全日制用工，或每天超过4小时不超过8小时的非全日制用工，或每周末或每周两天的全日制用工；

第三类为劳动者向用人单位提供全日制的劳动，即劳动者因为特殊情形的出现，与原单位保留劳动关系，但是不再提供劳动，因此，有时间和精力为第三方用人单位提供全日制的劳动；

第四类，劳动者为没有毕业的学生。

定义为劳动关系的核心要素包括主体适格、有隶属劳动管理关系、工作属于单位业务的组成部分。按照这样的思路来分析以上四类兼职情况。

第一类兼职侧重在其提供的服务，在服务过程中劳动者有完全的自主性，不存在劳动过程中的管理与被管理的关系。因此，这类兼职更倾向于劳务关系。

第二类兼职大部分有劳动过程中的管理与被管理的隶属关系，因此更倾向于劳动关系。

第三类兼职为第三方用人单位提供全日制的劳动，完全符合劳动关系的上述特征，因此是劳动关系。

第四类兼职因为主体不适格，所以这种兼职建立的是劳务关系。

315. 缴纳了社会保险就可认定为存在劳动关系吗?

答：我们知道一旦建立了劳动关系，单位和个人就有依法缴纳社会保险的义务。但是单位为个人缴纳了社会保险不能就推断双方存在劳动关系。在判定是否存在劳动关系的问题上，仍然要遵守下面的原则：

（1）用人单位和劳动者符合法律、法规规定的主体资格；

（2）用人单位依法制定的各项劳动规章制度适用于劳动者，劳动者受用人单位的劳动管理，从事用人单位安排的有报酬的劳动，在管理上是一种隶属的管理关系；

（3）劳动者提供的劳动是用人单位业务的组成部分。

第20章

劳动规章制度管理的用工风险

316. 企业劳动规章制度与劳动合同，有什么联系与区别？

答：企业劳动规章制度是企业依法自主制定的规章制度。劳动合同（含集体合同）订立的依据也主要是劳动法及相关法律、法规，是劳动者与企业协商一致而形成的。

企业劳动规章制度只要不与国家法律、法规相悖，劳动者就应当遵守。劳动合同也一样，一旦双方签订，只要不与国家法律、法规相悖，双方都应当遵照履行。

劳动规章制度与劳动合同相辅相成，共同确定双方的权利义务关系。以上是二者的联系。二者的区别在于：

一是法律性质不同。前者是企业自主单方制定的普遍适用性规则，后者则是双方协商约定的具体适用性协议。

二是成立依据不同。前者成立的主要依据是《公司法》《劳动法》等专业领域内的法律法规，而后者成立的主要依据是《劳动合同法》等。

三是生效程序不同。前者在涉及劳动报酬、工作时间、休息休假、劳动安全卫生、保险福利、职工培训、劳动纪律以及劳动定额管理等直接涉及劳动者切身利益的事项时，需要经过民主程序和公示程序，后者只要双方意思表示一致即可。

四是功能作用不同。前者是约束企业经营管理的规则，后者则约束劳动合同订立的双方。

五是法律效力不同。依据相关司法解释，当规章制度的规定与劳动合同的约定不一致时，后者效力优于前者。

317. 如何使劳动规章制度走完民主程序？

答：涉及员工切身利益的劳动规章制度和重大事项需要走民主程序，具体有五个步骤。

（1）企业起草制度。

（2）交由职工代表大会或全体职工进行讨论。注意这里是讨论，而不是简单地让职工看一眼。

（3）讨论后，职工代表大会或者全体职工提出修改方案和意见。

（4）企业基于这些方案和意见，重新修订规章制度内容。

（5）企业把修改后的规章制度与工会或职工代表协商，确定最终稿。

每一步，企业都应该保留相关的证据，证明已经走完民主程序。

318. 如何化解劳动规章制度与劳动合同的效力冲突？

答：一般来说，劳动合同的法律效力高于劳动规章制度。劳动合同的订立和变更是双方行为，劳动规章制度是单方行为。在司法实践中，双方行为一般比单方行为具有更高的效力。

当然，企业也可以主动采取一些措施，来化解劳动规章制度与劳动合同的效力冲突。

（1）直接约定劳动规章制度作为劳动合同的附件。劳动合同最后一条可以表述为："本公司规章制度也是劳动合同的有效组成部分，与劳动合同同等有效。"

（2）在劳动合同中约定指引性条款。例如，"关于年终奖和年终考核等，参照企业规章制度执行"。

（3）在合同中明确："如果规章制度与劳动合同的内容不一致，以更新的规章制度为准"。规章制度会经常修改，可能会出现之前签订的劳动合同与修改后的规章制度不一致的情况。此时，如果合同中有这样的条款，则表示双方同意了如何处理这种冲突。

319. 企业规章制度生效的前提条件是什么？

答：很多企业简单地认为规章制度是企业单方制定的，可以随便制约员工的行为。其实不然，企业的规章制度要经得起推敲才能够被人民法院用作审核劳资争议的依据。企业规章制度必须符合下面的条件：

（1）合法性。企业在制定规章制度的时候，务必注意相关规定不得与法律法规相抵触，否则不仅不能据此处理员工，员工反而能基于此而解除劳动合同。例如，企业不能规定女职工在职期间不能结婚和怀孕，不能规定上班时间不能上洗手间等，这些违反法律、法规规定的制度不具有法律效力。

（2）公平合理性。《劳动合同法》规定，员工严重违反企业规章制度的，企业可以解除劳动合同。但是对于严重违反规章制度的理解，有两重判断：一是员工行为严重违反规章制度；二是规章制度本身应具有合理性。此种合理性应该从每个企业的具体情况、岗位特征和员工表现等进行具体分析。例如，在禁烟区抽烟一次属于严重违纪吗？对一般企业的办公室而言，抽烟一次就算严重违纪可能被视为太严，有失公平合理性，但对于化工企业而言，这样的规定是合理的，因为化工企业抽烟会涉及重大安全事故。

（3）民主性。在涉及劳动者切身利益的规章制度和重大事项决定实施过程中，应当经职工代表大会或全体职工讨论，工会或者职工认为不适当的，有权向用人单位提出，通过协商予以完善。

（4）公示性。《劳动合同法》第四条规定，用人单位应当将直接涉及劳动者切身利益的规章制度和重大事项决定公示，或者告知劳动者。

320. 分公司或子公司拟定员工手册，需要母公司职代会讨论通过吗？

答：作为分公司，如有营业执照，则为独立用人单位（不是独立法人），民主程序至少在分公司职代会应完成讨论通过，母公司视情况决定是否参与。子公司是独立的法人，当然是独立的用人单位，民主程序由子公司职代会完成讨论通过，母公司无须参与。

321. 草拟的制度通过邮件征询员工意见，能否算走完民主程序?

答：通过邮件收集意见，这种做法当然属于民主程序的一部分，但还不完整。企业还需证明制度已经通过职工代表大会或者全体职工讨论。协商讨论的环节不能少。

322. 哪些是涉及劳动者切身利益的规章制度?

答：根据《劳动合同法》第四条，涉及劳动者切身利益的规章制度共八类：

（1）劳动报酬；

（2）工作时间；

（3）休息休假；

（4）劳动安全卫生；

（5）保险福利；

（6）职工培训；

（7）劳动纪律；

（8）劳动定额管理。

323. 员工手册最后一页如何设置，以达到告知公示的目的?

答：最后一页一般都是签收页，表示员工收到并知悉员工手册的内容，从而达到告知公示的目的。下面是某个公司的案例，供参考。

声　明

本员工手册根据《中华人民共和国劳动法》《中华人民共和国劳动合同法》的相关规定及公司的实际情况结合实践操作制定。如遇国家或地方法规调整导致本手册内容与国家或地方法律法规不符的，按国家及地方法律法规规定执行，公司亦会对手册及时进行修改、完善。

本员工手册为公司的内部文件，并属公司财产，未经公司书面批准，不得复印或外传本手册。

本手册是员工认识、了解公司的重要窗口。公司也真诚希望通过本手册，能够将大家关注的信息有效地传递到每一位员工。

感谢你认真阅读本手册，并再次真诚欢迎你加入这个大家庭！

公司名称：________________

附：员工手册签收单

签收单
本人已收到并完全知悉公司发布的《员工手册》的全部内容（包括正文内容及附件），对手册内容及程序均无异议。本人已被给予了充足的时间和机会来仔细阅读该手册，也已向公司咨询了本人关于该手册的所有必要问题。现本人在此确认本人已充分理解了本手册的全部条款和条件，并同意遵照执行。本人知悉除了员工手册正本之外，本手册及其他公司制度可通过以下路径在公司内网上即时查询：××××。 本手册为公司管理制度一部分，为公司的保密信息，本人承诺不将本手册内容泄露给任何第三方。 本人同时承诺在职期间将妥善保管本手册，并在离职时或公司要求的任何时间内将手册完好归还。 本人知悉并同意本手册内容取代公司先前发布和正在实施的相关规定。同时确认如公司与本人签订的劳动合同或其他单项协议约定的内容与本手册内容不符的，自本手册生效之日起均以本手册内容为准。 员工承诺下述签名为本人亲笔签名，并且确保与本人身份证、护照等有效身份证件上的中文姓名一致，若无中文姓名的则与拼音或英文姓名一致。否则，由此产生的一切后果由本人承担。
员工签字： 身份证号码： 日期：

第21章

劳务派遣管理的用工风险

324. 劳务派遣中，谁是用人单位，有什么义务？

答：《劳动合同法》第五十八条　劳务派遣单位是本法所称用人单位，应当履行用人单位对劳动者的义务。劳务派遣单位与被派遣劳动者订立的劳动合同，除应当载明本法第十七条规定的事项外，还应当载明被派遣劳动者的用工单位以及派遣期限、工作岗位等情况。

劳务派遣单位应当与被派遣劳动者订立二年以上的固定期限劳动合同，按月支付劳动报酬；被派遣劳动者在无工作期间，劳务派遣单位应当按照所在地人民政府规定的最低工资标准，向其按月支付报酬。

因此，劳务派遣单位是用人单位，接收劳动者的单位是用工单位。

派遣单位作为用人单位，必须履行用人单位的一般义务：与劳动者建立劳动关系，同劳动者订立劳动合同，履行用人单位对劳动者应尽的各项义务，包括但不限于为劳动者支付报酬、办理社会保险、缴纳住房公积金、在劳动合同解除时支付经济补偿金等。

325. 用工单位对劳动者承担什么义务？

答：《劳动合同法》第六十二条　用工单位应当履行下列义务：（一）执行国家劳动标准，提供相应的劳动条件和劳动保护；（二）告知被派遣劳动者的工作要求和劳动报酬；（三）支付加班费、绩效奖金，提供与工作岗位相关的福利待遇；（四）对在岗被派遣劳动者进行工作岗位所必需的培训；（五）连续用工的，实行正常的工资调整机制。用工单位不得将被派遣劳动者再派遣到其他用人单位。

326. 年假、津贴及过年过节福利，派遣员工与正式员工一致吗？

答：根据《劳务派遣暂行规定》及《劳动合同法》第六十二条，除明确规定了用工单位应支付劳务派遣员工加班费、绩效奖金外，仅对劳务派遣员工的福利待遇进行了原则性规定，即与工作岗位相关、不得歧视以及同工同酬等原则。根据这些原则性的规定，如果派遣员工与正式员工的工作岗位、工作内容没有什么实质差别，则一般理解为他们之间的福利待遇就不应该有差别，否则会被认为有歧视，或同工不同酬了。

327. 什么样的岗位才能使用派遣劳动者？

答：《劳动合同法》第六十六条　劳动合同用工是我国的企业基本用工形式。劳务派遣用工是补充形式，只能在临时性、辅助性或者替代性的工作岗位上实施。

前款规定的临时性工作岗位是指存续时间不超过六个月的岗位；辅助性工作岗位是指为主营业务岗位提供服务的非主营业务岗位；替代性工作岗位是指用工单位的劳动者因脱产学习、休假等原因无法工作的一定期间内，可以由其他劳动者替代工作的岗位。用工单位应当严格控制劳务派遣用工数量，不得超过其用工总量的一定比例，具体比例由国务院劳动行政部门规定。

因此，只有临时性、辅助性和替代性这三类岗位可以使用派遣的劳动者，且人数不能超过总人数的一定比例。

328. 如何确定辅助性岗位？

答：辅助性岗位是指为主营业务岗位提供服务的非主营业务岗位。在实践中，“主营业务岗位”和“非主营业务岗位”的描述是有模糊地带的，容易引起争议。依据《劳务派遣暂行规定》第三条第三款的相关规定，用工单位决定使用被派遣劳动者的辅助性岗位，应当经职工代表大会或者全体职工讨论，提出方案和意见，与工会或者职工代表平等协商确定，并在用工单位内公示。因此，用工单位经过上述民主程序后，“辅助性岗位”清单一旦明确，争议就会大大减少，风险也更低了。

329. 劳务派遣就是人事代理吗？

答：人事代理是某些人才服务机构按照国家有关人事政策法规要求，接受单位或个人委托，为多种所有制经济尤其是非公有经济的单位或各类人才提供人事档案管理、职称评定、保险收缴等服务，是实现人员使用与人事关系管理分离的一项人事措施。

两者的本质区别在于：在劳务派遣中，被派遣劳动者系劳务派遣公司的员工，与劳务派遣单位建立劳动关系，与实际使用的用工单位构成用工关系，当被派遣劳动者的劳动权益受到侵犯时，可以向劳务派遣公司主张权利，同时可以向用工单位主张连带责任；在人事代理的服务外包模式中，被人事代理的劳动者依然是直接使用单位的员工，与实际使用的单位建立劳动关系，当被人事代理的劳动者的权益受到侵害时，只能向实际使用的单位主张劳动权利，无权向人事代理公司主张任何劳动权利。

人事代理服务属于一种服务外包形式，属于民事关系，标的为服务，双方间签订的是民事合同，适用的法律是《民法总则》《合同法》等民事法律法规；劳务派遣类似于劳动关系，标的为劳动者的劳动力，适用的法律是《劳动合同法》以及与劳务派遣相关的法律法规。

330. 劳务派遣就是业务外包吗？

答：当前的法律法规并没有对劳务派遣和业务外包做明确的界定。在实践中，因为有关派遣管理的规定越来越严格，所以有的公司干脆把劳务派遣改成了劳务外包或业务外包，以外包的名义执行劳务派遣活动。那么两者如何区分呢？

（1）看管理权。在业务外包中，有发包方和承包方，外包项目中的人员交由承包方直接使用和进行日常管理；而在劳务派遣中，有用人单位和用工单位，被派遣人员由用工单位直接使用，用工单位进行日常管理。

（2）费用情况。劳务派遣涉及的费用一般是每个被派遣人员每月的管理费是多少，比如每月 50 元或 100 元不等。而业务外包则是将整个项目的全部成本作为外包费，其中包括人工费用、材料费等。

（3）专业能力。业务外包一般是发包方利用承包方的专业能力，比如保安公司更善于管理保安人员，IT 公司拥有专业的 IT 能力。但在劳务派遣中，被派遣的人员往往没有特定的专业技术能力，因为他们从事的是辅助性、临时性、替代性岗位，一般无须经过特殊专业培训即能上岗。

331. 何种情形下，用工单位可以将劳动者退回劳务派遣单位？

答：《劳动合同法》第六十五条第二款　被派遣劳动者有本法第三十九条和第四十条第一项、第二项规定情形的，用工单位可以将劳动者退回劳务派遣单位，劳务派遣单位依照本法有关规定，可以与劳动者解除劳动合同。

《劳动合同法》第三十九条　劳动者有下列情形之一的，用人单位可以解除劳动合同：（一）在试用期间被证明不符合录用条件的；（二）严重违反用人单位的规章制度的；（三）严重失职，营私舞弊，给用人单位造成重大损害的；（四）劳动者同时与其他用人单位建立劳动关系，对完成本单位的工作任务造成严重影响，或者经用人单位提出，拒不改正的；（五）因以欺诈、胁迫的手段或者乘人之危，使对方在违背真实意思的情况下订立或者变更劳动合同情形致使劳动合同无效的；（六）被依法追究刑事责任的。

《劳动合同法》第四十条　有下列情形之一的，用人单位提前 30 日以书面形式通知劳动者本人或者额外支付劳动者一个月工资后，可以解除劳动合同：（一）劳动者患病或者非因工负伤，在规定的医疗期满后不能从事原工作，也不能从事由用人单位另行安排的工作的；（二）劳动者不能胜任工作，经过培训或者调整工作岗位，仍不能胜任工作的。

332. 用工单位能开除所接收的派遣员工吗？

答：在劳务派遣中，劳动关系是建立在劳务派遣公司与被派遣的员工之间的，因此实际用工单位不能直接开除、辞退被派遣员工，而是要依据法律与/或劳务派遣协议的约定将被派遣员工退回劳务派遣公司。同时，用工单位也不能接受被派遣员工的辞职申请，即使该员工在退回派遣公司的同时与劳务派遣公司解除劳动合同，也应注意是从劳务派遣公司辞职，而不是从实际用工单位辞职。

此外，劳务派遣员工与派遣公司的劳动合同必须交一份至实际用工单位存档备查。用工单位在使用派遣员工前，必须先确认派遣员工与派遣公司是否签订有劳动合同，避免用工单位自身与劳动者形成事实劳动关系。

333. 被派遣员工有权参加工会吗？

答：《劳动合同法》第六十四条　被派遣劳动者有权在劳务派遣单位或者用工单位依法参加或者组织工会，维护自身的合法权益。

参加工会是每个劳动者的合法权益，任何人不能剥夺，劳务派遣员工一样能参加用工单位的工会或用人单位的工会。

第22章

其他员工权益管理的用工风险

334. 员工不愿意缴纳社会保险，企业该如何规避风险？

答：《劳动法》第七十二条　社会保险基金按照保险类型确定资金来源，逐步实行社会统筹。用人单位和劳动者必须依法参加社会保险，缴纳社会保险费。

《社会保险法》第四条第一款　中华人民共和国境内的用人单位和个人依法缴纳社会保险费，有权查询缴费记录、个人权益记录，要求社会保险经办机构提供社会保险咨询等相关服务。

根据以上规定，缴纳社保是企业和员工都必须履行的法律义务。在实践中，一种普遍现象是很多员工，尤其是来自农村的员工，要求放弃缴纳社会保险以换取眼前更高的到手收入。这种放弃其实是违法的，因为权利可以放弃，但义务不能放弃。缴纳社保是一种义务，不是想放弃就可以放弃。员工拒绝缴纳社保的做法不仅损害其自身利益，还损害了国家社会保障体系，也会给企业带来违法后果，包括：补缴、滞纳金、企业被行政部门处罚、企业承担作为雇主的义务如工伤等。

那么，如果员工就是不配合缴纳社保，企业怎样操作才能规避风险呢？

（1）通知员工缴纳社会保险，并保留证据。

（2）有证据证明造成不能缴纳的客观原因在员工一方，比如配合不到位。

（3）如果员工坚决不肯配合缴纳，可让员工写一个申请书，澄清客观无法缴纳的原因。

335. 产假期间能享受交通补贴、高温补贴吗？

答：《妇女权益保障法》第二十七条　任何单位不得因结婚、怀孕、产假、哺乳等情形，降低女职工的工资，辞退女职工，单方解除劳动（聘用）合同或者服务协议。但是，女职工要求终止劳动（聘用）合同或者服务协议的除外。各单位在执行国家退休制度时，不得以性别为由歧视妇女。

《女职工劳动保护特别规定》第五条　用人单位不得因女职工怀孕、生育、哺乳而降低其工资、予以辞退、与其解除劳动或者聘用合同。

因此，企业原则上不能减少产假期间的待遇。但是，具体到交通补贴，其设立的目的是补贴员工上下班的交通费，当员工没有出勤上班时，也就没有交通费，那么发放该补贴的前提条件也就不存在，因此停发该补贴也是合理的。

再比如高温补贴，是给那些在野外露天作业的人员提供的，如果不来上班，或不需要在野外作业，则自然不需要发放该补贴。

当然，有些福利，比如中秋的月饼等，这些只是与员工身份有关，应该同样发放。

336. 哪些劳动收入不属于工资的范围？

答：下列劳动收入不属于工资的范围：

（1）单位支付给劳动者个人的劳动保险和职工福利方面的各项费用，如丧葬抚恤救济费、生活困难补助费、计划生育补贴等；

（2）劳动保护方面的费用，如用人单位支付给劳动者的工作服、解毒剂、清凉饮料费用等；

（3）按规定未列入工资总额的各种劳动报酬及其他劳动收入，如根据国家规定发放的创造发明奖、国家星火奖、自然科学奖、科学技术进步奖、合理化建议和技术改进奖、中华技能大奖等，以及稿费、讲课费、翻译费等；

（4）出差伙食补助费、误餐补助、调动工作的旅费和安家费；

（5）对购买本企业股票和债券的职工所支付的股息（包括股金分红）和利息；

（6）劳动合同制职工解除劳动合同时由企业支付的医疗补助费、生活补助费等。

337. 何谓“未及时足额支付劳动报酬”？ 如何防范这样的风险？

答：未及时足额支付劳动报酬的解释如下：

（1）不按月支付；

（2）不按合同或规章制度中约定的时间支付；

（3）未足额支付；

（4）无故扣压工资，或不按照约定发放浮动工资；

（5）延迟给付或不给付加班费；

（6）没有支付法律规定的各种津贴，比如夜班、高温等津贴。

企业应如何防范这样的风险呢？

（1）企业在固定日期按月发放工资；

（2）企业如果真的支付困难，可以履行相应的程序，延迟一个月发放；

（3）谨慎在劳动合同中承诺奖金，尤其是做不到或做得不够的；

（4）建立加班申请审批制度，严格日常管理，固定加班费的支付时间；

（5）对其他类收入，要明确约定支付条件、标准、方式、时间等。

338. 哪些情况属于用人单位无故拖欠劳动者工资？

答：《对〈工资支付暂行规定〉有关问题的补充规定》指出：“无故拖欠”系指用人单位无正当理由超过规定付薪时间未支付劳动者工资。不包括：（1）用人单位遇到非人力所能抗拒的自然灾害、战争等原因，无法按时支付工资；（2）用人单位确因生产经营困难、资金周转受到影响，在征得本单位工会同意后，可暂时延期支付劳动者工资，延期时间的最长限制可由各省、自治区、直辖市劳动行政部门根据各地情况确定。其他情况下拖欠工资均属无故拖欠。

339. 哪些情况属于用人单位克扣劳动者工资？

答：《对〈工资支付暂行规定〉有关问题的补充规定》指出：“克扣”系指用人单位无正当理由扣减劳动者应得工资（即劳动者在提供正常劳动的前提下用人单位按劳动合同规定的标准应当支付给劳动者的全部劳动报

酬）。不包括以下减发工资的情况：（1）国家的法律、法规中有明确规定的；（2）依法签订的劳动合同中有明确规定的；（3）用人单位依法制定并经职代会批准的厂规、厂纪中有明确规定的；（4）企业工资总额与经济效益相联系，经济效益下浮时，工资必须下浮的（支付给劳动者的工资不得低于当地的最低工资标准）；（5）因劳动者请事假等相应减发工资等。

340.“三期”员工的工资就给基本工资，可以吗？

答：女职工“三期”劳动保护是国家对女性职工进行特别关怀的重要措施。在女职工特殊生理期间，法律规定了企业的特别义务，即不得降低其基本工资，同时还应给予其相应的劳动保护待遇。

需要注意的是，在国务院制定的《女职工劳动保护特别规定》的基础上，不少地方政府制定了更为具体的女职工劳动保护规定，企业要执行当地政府公布的规定。

原则上，不论是因女职工个人的原因造成的调整工作岗位（如不胜任工作或主动提出调整工作岗位），还是因单位的原因造成的调整工作岗位（如部门被撤销），单位均不宜对“三期”女职工的劳动报酬进行调整。

对于女职工较多的企业而言，尤其要注意以下事项的处理：

（1）对女职工薪资进行特别管理。企业可以对女职工薪资进行专门的管理，在保障女职工法定福利的情形下，也尽量在法律允许的范围内设定薪资结构，合法节省用工成本，比如“基本工资+项目或业绩考核的浮动工资+与实际出勤关联的全勤奖（或与各种出勤关联的补贴等）”。在这种情形下，用人单位可以根据女职工当月工作业绩、出勤天数发放工资。

（2）依法为女职工缴纳生育保险。生育保险作为女职工的一项福利待遇，实际上也给企业缓冲了女职工“三期”特别是产期工资的开支。

341. 年底之前离职了，还能要求企业支付年终奖吗？

答：在司法实践中，往往要综合以下证据来判断单位是否要支付年终奖：

（1）双方的劳动合同中有没有合理的约定；

（2）看集体合同是否有约定；

（3）看用人单位有没有明确的有关奖金方面的规章制度；

（4）同工同酬原则。

因此，企业要在规章制度或合同中明确规定年终奖的发放条件、发放范围、发放标准和发放方式。完善的年终奖制度不但有利于提高员工工作的积极性，也能更好地维护企业的合法权益，减少不必要的争议。

342. 员工是否可以主张3年前少发的工资？

答：《劳动争议调解仲裁法》第二十七条　劳动争议申请仲裁的时效期间为一年。仲裁时效期间从当事人知道或者应当知道其权利被侵害之日起计算。

前款规定的仲裁时效，因当事人一方向对方当事人主张权利，或者向有关部门请求权利救济，或者对方当事人同意履行义务而中断。从中断时起，仲裁时效期间重新计算。

因不可抗力或者有其他正当理由，当事人不能在本条第一款规定的仲裁时效期间申请仲裁的，仲裁时效中止。从中止时效的原因消除之日起，仲裁时效期间继续计算。

劳动关系存续期间因拖欠劳动报酬发生争议的，劳动者申请仲裁不受本条第一款规定的仲裁时效期间的限制；但是，劳动关系终止的，应当自劳动关系终止之日起一年内提出。

因此，如果员工还在本单位工作，员工可随时向单位主张3年前少发的工资。如果已经解除劳动关系，则应该在离开企业后12个月内提出该主张，否则就过了仲裁时效，即使提出也不能被仲裁受理。

343. 已经解除或者终止的劳动合同文本，至少保存几年？

答：《劳动合同法》规定，用人单位对已经解除或者终止的劳动合同的文本，至少要保存二年备查。为什么是二年？从某种程度上讲，这是与

《劳动保障监察条例》衔接的。因为根据《劳动保障监察条例》规定，违反劳动保障法律、法规或者规章的行为在 2 年内未被劳动保障行政部门发现，也未被举报、投诉的，劳动保障行政部门不再查处。

344. 企业因不可抗力影响了正常运营时，该如何处理与员工的关系？

答：企业在运营的过程中，会遇到不可抗力因素的影响，比如 2020 年突发的新冠肺炎疫情。在这样的影响下，企业如何求生存？企业面临诸多与员工关系有关的问题，比如，如何合法有效地降低人力成本？劳动者被隔离，用人单位能否单方面调岗调薪？延长假期和延迟复工期结束，劳动者未及时返回上班，用人单位能否解除劳动合同？用人单位能否因疫情原因进行裁员？不能回公司上班，员工能否申请特殊工时制度？因疫情交通管制等原因，劳动者无法按时返岗，工资应该怎么发？生产经营困难，能否推迟支付工资？用人单位安排劳动者在家上班，工资应该怎么发？……

对于这些问题，企业该如何处理？一般建议的策略是：

（1）就企业遇到的客观困难，与员工坦诚沟通，在争取员工理解和支持的基础上，达成双方一致的解决办法。

（2）在该期间遇到的员工关系的问题，如果其背景与外界的不可抗力因素没有关系，则与以往的做法一样，参照国家已经有的法律法规、公司规章制度、员工手册和劳动合同约定等条款，进行正常处理即可。

（3）留意在特殊时期，国家或地方是否出台与员工关系处理有关的规定，并看看该规定如何应用到本企业的特定情形下。

（4）特殊时期，劳动行政部门在处理员工关系的案例时也会变得更谨慎。政府部门除了需要考虑案例本身因素外，可能还需要考虑其他的因素，比如社会稳定、就业稳定等政治因素。因此，企业 HR 在处理有关劳资纠纷时，不能按照惯常的思路和做法，听听当地劳动行政部门的建议更稳妥。

（5）当然也可以多征询更有经验的同行或律师的专业建议。

第23章 员工关系管理中直线经理的作用

345. 在员工关系管理中，直线经理和 HR 的分工是什么？

答：在员工关系的管理中，HR 和直线经理需要密切合作，但总体上也有明确的分工。

直线经理的职责是：

（1）发现员工的问题，并报告给 HR；

（2）与员工构建相互尊重和信任的氛围；

（3）培训并贯彻国家政策、公司内部各项规章制度等；

（4）接受员工申诉；

（5）听取 HR 提供的建议，并分析建议的可行性和风险分析；

（6）进行取证，寻找和收集有利的各种证据；

（7）与 HR 和工会一起分析各种可能的解决途径和各种可能的后果；

（8）与 HR 一起与员工面谈，正面面对劳资纠纷中的冲突和管理；

（9）保持与员工沟通的渠道畅通；

（10）积极探寻能够影响员工的其他人员。

HR 的职责是：

（1）对一线直线经理进行培训；

（2）分析导致员工不满的深层次原因；

（3）提供建议和咨询；

（4）介绍沟通技巧和注意事项；

（5）与直线经理一起与员工面谈；

（6）规范各类制度和流程程序；

（7）对各类政策和法规进行解释和指导；

（8）倡导建立合法、内心感觉平等、和谐满意的企业文化氛围。

346. 在员工管理过程中，直线经理常见的误区是什么？

答：我与直线经理一起处理过很多员工纠纷的案例，在此过程中，我发现直线经理有很多理解与处理上的误区：

（1）告诉员工：开除你是人事部的决定，跟我无关。

（2）没有法制观念，无知者无畏，不撞南墙不回头。

（3）人事部是万能的，把要处理的人统统退回给人事部处理吧！

（4）没有证据意识，一切想当然。

（5）以为自己已经很懂劳动法了，自作主张。

（6）能忍就忍，能拖就拖，尽量不做恶人。

（7）提前泄露风声，“打草惊蛇”，使简单的事情复杂化。

（8）对辞退可能带来的风险认识不足，事后才知道风险很大但已经太迟了。

（9）陷入自己的逻辑，坚定认为按照自己的理解做，就一定不会触犯法律。

（10）员工辞职须经经理批准，否则就走不了。

（11）用末位淘汰办法管理员工。对于考核在末位的员工，认为就可以理直气壮地淘汰辞退了。

（12）在试用期就可以随意解除合同。

（13）N+1 经济补偿就能搞定一切。

（14）只要公司愿意赔偿，就可随时解除合同或辞退员工。

（15）人事部罗列了一串的解除合同风险，那都是吓唬人的。

（16）自己随意定一个处罚制度，就可以此制度去处理违纪的员工。

347. 辞退员工时，直线经理和 HR 如何分工合作？

答：HR 不能指望直线经理知道太多的法律，但只要直线经理与 HR 一起按照下面的流程执行即可，如表 23-1 所示。

表 23-1　辞退员工的流程及分工

步骤	核心行动	主要负责人	备注
1	直线经理口头或书面提出希望辞退某员工的申请，且得到本部门至少上一级经理的批准。不同公司有不同的规定，但一般两级批准是必须的	直线经理	有的公司要副总或专管的副总批准
2	如果是单方面辞退员工，HR 需要审核合规性、证据的完备可靠性以及与该员工有关联的各种补充协议。要点： √ 证据是否充足？证据是否可靠和站得住脚？仲裁/法官能采信吗？缺少哪些主要证据？ √ 单方面辞退的内部法律依据是什么？能从公司内部的《员工手册》《违纪管理条例》《商业工作行为准则》《劳动合同》等内部劳动规章制度中找到处理的依据吗？ √ 单方面辞退的外部法律依据是什么？符合《劳动法》《劳动合同法》《工会法》《工资管理暂行规定》《工伤保险条例》等法律法规吗？ √ 相关联的协议如何处理：保密协议、竞业限制协议、培训协议、服务期协议等	人事部	很多企业一般由人事专员先审核，然后让人事经理或总监再审核，甚至请律师审核
3	√ 评估证据收集的方式、难度以及可能带来的风险。例如，平时从来不考核，突然搞个考核，还要求员工签名，有风险吗？ √ 评估内部劳动规章制度的完整性和合理性，确定哪些内部劳动规章制度的内容具备合法性与合理性，以及确经民主程序制定	人事部/直线经理	
4.1	√ 如果这些证据可以在能承担的风险内取得，则用人部门可按照人事部的建议，耐心积累和准备需要的所有证据材料，并用适当的形式呈现出来，比如录音、录像、书面签字、邮件、第三方证据、照片。 √ 人事部推动相关各方对内部劳动规章制度进行完善与改进，达到能够经得起推敲的目的	直线经理/人事部	取得证据的过程以及时间也有一些技巧，需要人事部指导

续表

步骤	核心行动	主要负责人	备注
4.2	如果单方面辞退员工的证据很难收集，或者有很大的风险，或者依据的内部法律不足，可暂不考虑单方面辞退该员工，而考虑寻求其他的可行途径或变通的方式来管理该员工，比如调整汇报线、调整组织结构、调整权限、工作重新安排等，也可以考虑与员工协商解除劳动合同	人事部/直线经理	
5	在暂不单方面辞退员工而采取其他方式管理员工的情况下，如直线经理发现新的可单方面辞退的证据，则及时提供给人事部，人事部重新梳理和回顾这些证据的合理性、完整性和可靠性	直线经理/人事部	
6	如企业决定与员工协商解除劳动合同时，应评估该员工最可能带来的风险和威胁： √ 评估员工可能的心理需求（要多少赔偿？要工作？倾诉要申请仲裁？要认自己的死理？要一个说法？公司已经处理过类似的案例，要公平对待？要法律解释？要尊重？） √ 评估员工可能的极端行为反应（堵路、堵门、投毒、上吊、起诉公司、毁坏设备、泄露公司机密、握有公司的违法证据要上告、带走客户、带走核心员工、造谣、拒绝交接、玩消失失联、群发邮件诽谤） √ 分析该员工的个性以及家庭情况，大致推测最可能出现的情形	直线经理/人事部	
7	基于上述风险和威胁，评估各风险等级，探讨各种应对措施： √ 如何满足员工的各种心理需求？（聆听、EAP、尊重、法务或律师现场解释法律条文、公司可以有的补偿、公司的一贯做法解释、就业协助、推荐给猎头、介绍信） √ 如何预防各种极端行为？（取消邮箱地址、提前转移机密信息、提前通知家人或其亲密朋友、提前调虎离山、保安到位、第三方力量介入、提前转移客户、提前工作调动或汇报线改变等）	直线经理/人事部	
8	落实上述必要的各项措施，并继续评估这些风险和威胁的程度是否大大减轻到可以接受和承担的程度，决定是否启动协商解除或单方面宣布解除程序	直线经理/人事部	
9	如果有必要，咨询劳动法律师以进一步评估风险	人事部	有的公司有自己的法律部，也可以咨询

续表

步骤	核心行动	主要负责人	备注
10	如果单方面解除，则先与工会讨论，并征求工会的意见	人事部	
11	选择合适的面谈时间、地点以及面谈人： √ 不要在员工生日当天 √ 不要在员工抵抗而公司无暇处理与顾及的时段 √ 不要在警惕性过高的时段 √ 不要在某关键领导不在的时间段 √ 不要在某些重要领导人来访的时间段	人事部/直线经理	
12	谈话前的相关安排： √ 相关的法律文书全部到位 √ 相关的证据已经到位 √ 考虑安排保安在适当的位置 √ 录音录像的设备就绪 √ 解除各种抵抗的方法与思路，最好有一本 FAQ（Frequently Asked Questions 的缩写，即常见问题解答） √ 明确哪些需求可以满足，哪些需求不能满足 √ 是否要通知相关人员（劳动局、员工的亲戚朋友、IT、与该员工有业务关联的供应商或客户）	人事部/直线经理	员工可能会有的需求：调休年假、提前离职、离职证明、加班补偿、未完成的报销、要带走公司电脑等
13	进行面谈，澄清相关事实、政策与最终决定： √ 澄清事实、澄清公司做过的努力、澄清公司的政策与处理流程、澄清公司的最终决定 √ 观察对方反应，并做出事先准备好的各种反应	人事部/直线经理	
14	如有必要，观察员工行为与情绪反应，并通知相关各方采取必要措施进行应对	人事部/直线经理	
15	组织签订相关法律文书解除合同，并监督其办理离职手续和工作交接手续	人事部/直线经理	
16	签署必要的协议，如竞业限制协议、保密协议	人事部	
17	人事部保存签署的相关原始协议，并通知财务、IT等做最后的结算与补偿。直线经理根据需要通知与该员工有关联的客户、供应商、政府机构、公司内部有业务关联的相关岗位人员等	人事部/直线经理	
18	公司兑现补偿（如有），开具离职证明、社保转移等后续手续	人事部	

348. 在劳资纠纷处理过程中，直线经理需要坚持的基本原则是什么？

答：每个劳资纠纷的案例都不同，HR 与直线经理只有有效配合，才能构建更和谐的员工关系。那么作为直线经理，要坚持哪些基本原则呢？

（1）公平公正、一视同仁。即不偏袒下属，对事不对人。在我处理的案例中，很多纠纷本可以很顺利地按照规章制度解决，但因为前面有类似的员工没有被处罚，所以员工内心有深深的不公平感，并用各种形式发泄出来。

（2）严格依照法律规范进行处理。经理可能有自己的见解，或者很不理解某些法律法规，但无论如何，应该按照相关的法律法规执行，而不是靠意气用事或一厢情愿做决定。

（3）诚信与实事求是。在独立调查中，有的经理因为不喜欢某下属，添油加醋地把下属描述成一个魔鬼；有的经理因为喜欢某个下属，则将其描述成天才与楷模。这些做法都会引起其他员工的反感与不满。

（4）正面面对冲突。在和下属谈话、传递不好的消息或宣布重大决定的时候，直线经理要勇敢站出来，正面面对，而不是找各种理由逃避。

（5）风险意识。在我们处理任何一个劳资纠纷的案例中，都要考虑可能带来的风险。经理不能图一时痛快就急着辞退员工，而是理清风险后再在人事部的建议下行动，走完流程。

（6）证据保全。俗话说，打官司就是打证据。经理要做好日常文件管理，养成良好的证据保存习惯，比如在日常的业绩管理中，定期与员工进行业绩对话与沟通，并保存相关的签过字的沟通记录。这样，可为将来的劳动争议解决做好证据的铺垫。

（7）保密原则。任何一次调整，尤其是重要的人事调整，都会有一个不断调整与思考酝酿的过程，作为经理的你，如果已经参与其中，则要注意保密原则，否则如果提前泄密，很可能因打草惊蛇而失败。

（8）听从人事或律师建议。经理们或许认为自己有处理类似案例的经验，对人事部的建议或律师的建议充耳不闻，想私了了事。劳资纠纷涉及相关的法律法规，需要专业人员指导才能达到预期目标。

（9）不回答没有把握的问题。很多时候，员工的问题没有被正确回答，从而使员工有不切实际的期望，后来发现无法兑现时就产生了不满情绪。例如，某经理回答员工关于产假期间的费用问题时说，公司会报销各种费用；在回答病假工资时说，公司都是实行全薪病假政策；在涉及离职补偿时，经理回答成只要离职的都有经济补偿……当员工没有得到这些福利时就会产生抱怨和抵抗情绪。我们的建议是，作为经理，应该先看看制度，或先问问人事部经理，然后再回答，或者让员工去寻找人事部的负责人员回答此类问题。

（10）及时性原则。有任何矛盾或纠纷，应立即上报，不隐瞒，不能等到纸包不住火而使小的抱怨变成大的冲突和投诉，从而错过最好的处理时机。

349. 如何构建良好的员工沟通体系？

答：好的沟通体系，确保员工与企业之间有良好的互动，也帮助企业及时发现员工的问题和抱怨，从而在日常的工作中化解这些不断积累的抱怨。

（1）让员工参与对各项制度的修正和改进，参与监督和管理一些劳资纠纷。

（2）组织定期的文化活动，促进员工身心健康，营造以公司为家的文化氛围，比如各种运动会、团队拓展运动、生日会。

（3）定期的沟通与互动机制，比如季度会议、月度会议、员工大会、定期的满意度调查、定期的政策学习会议。

（4）直线经理对员工个体的关键事件应有点对点的良好沟通，比如在考核、加薪、降薪、岗位调整、晋升、奖惩、合同续签等时进行沟通。

（5）建立投诉热线和意见箱，并认真落实处理各种抱怨和投诉。

（6）直线经理可以创建一种团队内部相互关怀的文化氛围。

（7）特殊员工的关怀与慰问，比如得大病的，艰苦时期坚守一线岗位的，家庭有重大困难的，个人感情受挫折的，与周边人际关系紧张的，性格过于内向的，组织调整被影响的，等等。

350. 如何与直线经理一起有效处理员工举报？

答：很多企业都有《商业行为准则》，它是规定企业在追求特定战略目标的过程中，如何处理与同事、客户、股东、合作伙伴、供应商、社区等关系的行为准则。该准则鼓励任何人发现或质疑企业的某项重大决策，或者发现任何人有不诚信、不道德或违法的行为，都可以通过举报热线进行匿名或实名举报。作为直线经理，要积极协助 HR 处理这类举报事件。当然，如果直线经理有应当回避的情形，则应当回避。在处理这类举报时，一般的处理流程如下。

（1）基于初步得到的事实，决定是否发起调查以及如何调查

◆ 确定必须知道此事的相关人员；

◆ 核实、审查举报线索提供的初步事实，决定是否需要调查，可能涉及哪些人员，有哪些明显风险要控制？

◆ 如要调查，由谁调查、如何调查，调查的程度、范围如何设定？

◆ 调查工作应采取什么保密措施以保护举报人，并减少对调查对象以外的人员造成影响？

◆ 还需要谁来协助？

（2）决定谁来负责调查

◆ 可以由企业内部人员负责调查也可以由第三方负责调查。要确保调查人员与此举报没有利害冲突，保持中立，值得信任；

◆ 建议调查小组至少由两个人组成，可以一个为主，一个为辅。这样在面谈的时候，一起面对同一个人，可保证调查的公正性和可推敲性。

（3）向律师咨询风险

◆ 向律师咨询这样的调查会涉及哪些风险和法律；

◆ 需要如何做才能降低风险；

◆ 从法律的角度看，需要什么样的流程来保证这种风险的降低；

◆ 有哪些要注意的事项。

（4）拟定调查问题，以及思考常见问题该如何回答

◆ 事先想好，需要调查的问题究竟是什么；

◆ 被问到的问题该如何回答；

◆ 举报中有哪些信息需要进一步澄清。

（5）与举报人预约面谈的时间和地点

◆ 向举报人介绍，面谈者将会是谁；

◆ 告知企业的政策以及对待这类问题的态度；

◆ 与举报人确定安静安全的地点以及面谈时间。

（6）与举报人面谈

◆ 面谈全程做笔记；

◆ 有任何模糊的地方，都需要与举报人确定具体的细节；

◆ 让举报人阅读你的记录笔记，并签字确认；

◆ 保证调查的保密性；

◆ 询问举报人会不会有什么顾虑，是否担心被被举报人猜到他的身份，是否担心被报复；

◆ 如果有证据，要进行接收和保存。

（7）与被举报人预约面谈的时间和地点

◆ 向对方介绍，面谈者将会是谁（一般两个人）；

◆ 告诉对方，为什么组织这次面谈，什么事情将会被面谈；

◆ 告诉对方，目前只是调查阶段，没有任何结论；

◆ 让对方保密；

◆ 与对方确定一个安静安全的地点以及面谈时间，时间应该足够长，确保事实被描述得充分详细。

（8）面谈被举报人

◆ 尽量用举报人的原话来描述事件原貌；

◆ 记录被举报人对同样事件的描述；

◆ 面谈人员对细节不清楚的，应要求被举报人澄清；

◆ 面谈后，让被举报人阅读面谈记录的笔记，并签字确认；

◆ 告诉对方，目前只是调查阶段，没有任何结论，且记住要保密；

◆ 如果对方有证据，要进行接收和保存；

◆ 不能泄露举报人的身份。

（9）与涉事的其他人员（包括证人）预约面谈时间和地点

◆ 注意不要把所有人员放在一起同时面谈，要单独面谈；

◆ 向对方介绍，面谈者将会是谁；

◆ 告诉对方，为什么进行此次面谈，什么事情将会被面谈；

◆ 告诉对方，目前只是调查阶段，没有任何结论；

◆ 与对方确定安静安全的地点以及面谈时间；

◆ 再次告知对方要保密。

（10）与涉事的其他人员（包括证人）逐个面谈

◆ 让对方描述事件，注意只验证与该人员有关联的部分；

◆ 不要泄露举报人的身份；

◆ 让对方阅读你的面谈笔记，并签字确认，告知对方，他提供的信息有可能会被举报人和被举报人了解；

◆ 告诉对方，目前只是调查阶段，没有任何结论；

◆ 让对方记住要保密。

（11）基于事实给出推论和处理建议

参照表 23-2，罗列指控要点与调查发现。

表 23-2　指控要点与调查发现

指控要点	被面谈者	反应/调查发现	结论	建议
某主管带领全体团队和供应商一起吃饭，供应商请客，违反商业行为准则	某主管	“是的，我们去吃了两次饭，都是供应商付的钱，每次花 800 元左右。主要原因是这些供应商希望他们放在我们厂的东西，帮助照看一下，不要损坏了。没有跟公司说此事，也没有任何登记记录。”	该主管吃饭的费用没有超过 250 美元的费用，不需要请示领导批准，没有违反《商业行为准则》，但应事先登记	①提醒该主管，这类行为要事先登记 ②建立一个各厂请客吃饭登记簿 ③给所有主管培训《商业行为准则》

◆ 评估每个被面谈人员证言的可信程度，决定如何使用；

◆ 从得到的信息中判定某个指控是否站得住脚，并形成结论与建议；

◆ 向人事部门或法务部门咨询，这样的结论和建议是否令人信服，是否合法合规。

（12）制作调查报告

◆ 举报调查的概要；

◆ 调查的过程/流程，在什么时间，面谈者是谁，被面谈者是谁，验证的内容是什么；

◆ 罗列举报人的各指控要点；

◆ 相关证人以及被举报人对各指控要点的反应；

◆ 当相关证据相互冲突时，为什么采信某一方的证言证词；

◆ 罗列相关的证据；

◆ 基于所能得到的证据，得到合理推论，以及给出建议；

◆ 报告正式发出之前，与重要的关联方确认报告措辞、内容，以及建议和结论的合理性。

（13）把报告发给相关的重要领导批准

（14）反馈给各方调查的结论是什么

◆ 反馈很多时候是口头的，而不是书面的报告；

◆ 向举报人反馈调查的结果；

◆ 向被举报人反馈调查的结果；

◆ 向关联人员反馈相关的调查结果；

◆ 落实行动改进计划或相关决议。

第24章 员工关系管理中工会的作用

351. 工会有哪些权利和职责?

答:根据《劳动合同法》的规定,工会的主要权利和职责体现在以下八个方面:

(1)帮助、指导劳动者与用人单位依法订立和履行劳动合同。

(2)当用人单位单方面提出解除劳动合同时,应当事先将理由通知工会。

(3)工会代表企业职工一方与用人单位订立集体合同。

(4)用人单位违反集体合同,侵犯职工劳动权益的,工会可以依法要求用人单位承担责任。

(5)工会对用人单位履行劳动合同、集体合同的情况进行监督。

(6)劳动者申请仲裁、提起诉讼的,工会依法给予支持和帮助。

(7)工会对用人单位制定、修改或者决定直接涉及劳动者切身利益的规章制度或重大事项时,与用人单位平等协商。

(8)在规章制度和重大事项决定实施过程中,工会认为不适当的,有权向用人单位提出,通过协商予以修改完善。

352. 员工个人与单位签订劳动合同,工会能起什么作用?

答:《劳动合同法》规定,工会帮助、指导劳动者与用人单位依法订立和履行劳动合同，并与用人单位建立集体协商机制，维护劳动者的合法权益。同时，我国《工会法》（1992年4月3日公布，2009年8月27日第二次修正，下同）第二十条对此也有规定：工会帮助、指导职工与企业以及实行企业化管理的事业单位签订劳动合同。

因此，员工在与用人单位签订劳动合同前，对一些条款有疑问或者对一些内容不能确定时，可以向工会寻求帮助，请求工会给予指导，或者请求工会就某些事项与单位进行协商，以保障劳动者的合法权益得到最大限度的维护。

353. 员工申请仲裁或打官司，工会能帮忙吗?

答：根据《劳动合同法》的规定，工会依法维护劳动者的合法权益，对用人单位履行劳动合同、集体合同的情况进行监督。因此，工会对用人单位依法履行劳动合同、集体合同起到监督作用。另外，根据《工会法》第二十一条第三款的规定，职工认为企业侵犯其劳动权益而申请劳动争议仲裁或者向人民法院提起诉讼的，工会应当给予支持和帮助。

因此，如果员工申请劳动争议仲裁或提起诉讼，工会应依法给予支持和帮助。

354. 企业有违法行为，工会可以干预吗?

答：《工会法》第二十二条　企业、事业单位违反劳动法律、法规规定，有下列侵犯职工权益的情形，工会应当代表职工与企业、事业单位交涉，要求改正；企业、事业单位应当予以研究处理，并向工会作出答复；企业、事业单位拒不改正的，工会可以请求当地人民政府依法作出处理：（一）克扣职工工资的；（二）不提供劳动安全卫生条件的；（三）随意延长劳动时间的；（四）侵犯女职工和未成年工特殊权益的；（五）其他严重侵犯职工劳动权益的。

355. 遇到紧急情况时，工会可以起什么作用?

答：《工会法》第二十四条　工会发现企业违章指挥、强令工人冒险作业，或者生产过程中发现明显重大事故隐患和职业危害，有权提出解决的建议，企业应当及时研究答复；发现危及职工生命安全的情况时，工会有权向企业建议组织职工撤离危险现场，企业必须及时作出处理决定。

在紧急情况下，如果危及劳动者的重大权益，甚至人身安全，工会有权向用人单位提出紧急解决建议，制止和避免危险事态的进一步扩大。

356. 单位解除劳动合同，应当事先通知工会吗?

答：《劳动合同法》规定，当用人单位单方提出解除劳动合同时，应当事先将理由通知工会。工会需对用人单位做出的单方面解除劳动合同的决定进行审查，如果发现用人单位违反法律、行政法规规定或者劳动合同约定的，工会有权要求用人单位改正。用人单位应当研究工会的意见，并将处理结果书面通知工会。

因此，单位在向劳动者发出解除劳动合同的书面通知之前，应当首先通知工会。